Karmische Selbstheilung

Christa Schneider

Karmische Selbstheilung

Ein Handbuch
zur Beeinflussung der tieferen Ursachen
gesundheitlicher Beschwerden

Ansata-Verlag

Gewidmet allen leidenden, fühlenden Wesen.
Mögen sie befreit werden von ihrem Leiden
und der Ursache des Leidens.

Erste Auflage 1998
Copyright © 1998 by Scherz Verlag,
Bern, München, Wien, für den Ansata-Verlag

Inhalt

Teil III Anleitungen zur Selbsthilfe mit Akupressur, Bach-Blüten und Affirmationen

Teil IV Spirituelle Heilung

Vorwort

Warum scheint es immer wieder Menschen zu geben, die offenbar nicht gesund sein möchten? Ich frage mich immer wieder, warum das so ist. Fast jeder Mensch hat heutzutage unter irgend etwas zu leiden. Wir machen gerne die Umwelt für unsere Probleme verantwortlich. Doch das ist zu pauschal gedacht. Es ist fast so, als gäbe man seiner Mutter und seinem Vater die Schuld an allem, weil diese uns in unserer Kindheit nicht das gegeben haben, was wir gerne gehabt hätten.

Wir leiden an physischem und psychischem Unwohlsein. Am ehesten möchten immer noch diejenigen gesund sein oder werden, die physische Leiden haben. Noch immer wird es als peinlich angesehen, psychisch krank zu sein. Man fürchtet in so einem Fall, daß die anderen Menschen denken könnten, man sei mehr oder weniger verrückt. Zwar ist, wenn man genauer hinschaut, fast die ganze Welt irgendwie verrückt, jeder auf seine Weise. Doch für sich selbst möchte man geistige Gesundheit auf jeden Fall in Anspruch nehmen.

Dieses Buch ist geschrieben worden, um Licht auf alte und neue Themen zu werfen, um Krankheiten und Probleme, die mit Körper und Seele zu tun haben, unter einem neuen Aspekt zu betrachten.

Mein geistiger Führer ist Pir-o-Murschid Hazrat Inayat Khan, ein Sufimeister, der Anfang dieses Jahrhunderts den Sufismus in den Westen brachte. Manche Teile dieses Buches geben – in Form von Interviews – die Worte des Meisters wieder, wie sie mir übermittelt wurden. Andere Teile des Buches sind von ihm inspiriert, doch in meinen eigenen Worten aufgeschrieben worden.

Wenn in diesem Buch von Karma gesprochen wird, dann ist dieses im hinduistischen und buddhistischen Sinne zu verstehen. Karma – im östlichen Verständnis – ist die Summe aller Konsequenzen des Tuns eines Individuums in diesem oder einem vorangegangenen Leben.

Da ich mich neben Hazrat Inayat Khan auch der christlichen Tradition verbunden fühle, werden auch geistige Elemente aus diesem Bereich mit einfließen. Ganz besonders sei hier das Thema «Engel und Heilung» erwähnt. Mein Meister hat mir einen «Engel-Heildienst» übermittelt, der in seiner Spiritualität einzigartig ist und ganz sicher viele Menschen in ihrer Seele ansprechen wird.

Körper und Seele und Geist sind miteinander verbunden. Dieses Buch soll helfen, die Zusammenhänge zwischen diesen dreien zu erhellen, und dabei Möglichkeiten aufzeigen, wie der einzelne den Weg der Erkenntnis und Heilung gehen kann.

Teil I

Karmische Zusammenhänge

Gesundheit und Karma

Jeder Mensch hat eine Anzahl karmischer Belastungen, welche sich mehr oder weniger stark auf die Gesundheit auswirken können. Die Ursachen hierfür können im gegenwärtigen Leben zu suchen sein, die meisten Menschen bringen aber auch Belastungen aus früheren Leben mit.

Wenn zum Beispiel ein Mensch in einem vergangenen Leben herrschsüchtig gewesen ist und anderen nicht genügend Raum zum Leben gelassen hat, so kann er in seinem jetzigen Leben möglicherweise an Luftmangel leiden. Man sagt, in einem früheren Leben hat er anderen die Luft zum Atmen genommen.

Ein anderer Mensch hat beispielsweise Hörprobleme. In früheren Leben war es ihm vielleicht nicht möglich, anderen zuzuhören oder deren Meinung gelten zu lassen. In diesem Leben muß er sich daher möglicherweise besonders anstrengen, um seine Mitmenschen überhaupt zu hören.

Jemand anders ist für eine Weile krank und hat nicht genügend Kraft, für sich selbst zu sorgen. Er hat vielleicht noch eine karmische Schuld abzutragen und gibt gleichzeitig anderen die Gelegenheit, ihr Karma zu verbessern, indem sie ihm in seinen Krankheitszeiten helfen dürfen. Auch in Krankheit und Gesundheit geschieht nichts, was nicht geschehen muß. Es ist nicht Gottes Strafe und Willkür, wenn wir krank werden oder chronisch krank sind. Krankheiten sind eine intensive Chance, unser Karma zu reinigen.

Menschen, die an Alzheimer erkranken, haben in früheren

Leben möglicherweise sehr wenig Interesse an ihren Mitmenschen gezeigt. In diesem Leben können sie ihre karmische Belastung abtragen, indem sie an dieser Krankheit leiden und anderen die Gelegenheit zur Pflege geben.

Viele Krankheiten, in denen das Immunsystem und damit die Widerstandskraft geschwächt ist, deuten darauf hin, daß sich die Erkrankten in früheren Leben oft angepaßt haben und nur getan haben, was andere von ihnen wollten. Sie haben nie Widerstand geleistet und so auf lange Zeit ihre Widerstandskraft geschwächt. Viele Menschen überwinden ihre Krankheit, wenn sie lernen zu kämpfen, zu sich selbst zu finden und sich durchzusetzen.

Wird ein Kranker in diesem Leben gezwungen, sich besonders diszipliniert zu verhalten, so ist es möglich, daß er genau diese Lebensweise erlernen muß. Er muß sehr genau darauf achten, was, wann und wieviel er von bestimmten Dingen zu sich nehmen muß oder darf. Vielleicht hat er in früheren Leben seinen Körper und seine Gesundheit nicht genügend beachtet und ist jetzt gezwungen, für sich und seine Gesundheit zu sorgen. Dazu gehört auch, daß dieser Mensch auf genügend Ruhepausen und ausreichenden Schlaf achtet, um seine Energien richtig einzusetzen. Tut er das nicht, so wird er immer wieder sogenannte Zusammenbrüche erleben, und sein Körper wird den Dauerstreß nicht mitmachen.

Suchtkranke haben meist eine schwache Ich-Struktur und ein gestörtes Verhältnis zu ihrem Körper. Es ist möglich, daß diese Menschen in früheren Leben eine Tendenz hatten, sich selbst keinerlei Schwächen einzugestehen und auf Süchtige erbarmungslos herabzuschauen. Sie haben damals nicht die innere Not dieser Menschen erkannt und müssen jetzt diese Zustände am eigenen Leib erleben.

Bei den unterschiedlichen Formen von Krebserkrankungen sind die Ursachen individuell verschieden, ebenso bei Rheuma und Gelenkkrankheiten.

Im ersten Teil dieses Buches werden die Themen Gesundheit

und Krankheit sowie spezifischere Fragestellungen vor dem Hintergrund karmischer Zusammenhänge erörtert. Der zweite Teil des Buches untersucht mögliche karmische Ursachen einzelner Krankheiten. Zusätzlich werden Heilmeditationen vorgestellt und Wege und Möglichkeiten der Linderung und Heilung aufgezeigt. Es ist jedem überlassen, sich das herauszusuchen, was ihn anspricht und was er ausprobieren will.

Der Körper und die Karmagesetze

Es ist nicht leicht zu verstehen, warum ein Mensch mit einer Erbkrankheit leben muß, während ein anderer sein ganzes Leben lang für die verschiedensten Krankheiten anfällig ist und ein weiterer vor Gesundheit nur so strotzt. Bei jedem Menschen kann sich eine Krankheit unterschiedlich auswirken. Vielleicht liegt bei dem einen der Schwerpunkt mehr auf der körperlichen Ebene, während bei einem andern die seelische Ebene mehr betroffen ist.

Wie die Meister aus der geistigen Welt sagen, geschieht nichts, was nicht geschehen soll. In diesem Sinne ist es kein Zufall, wie krank oder gesund wir sind. Wir sollten jedoch wissen, daß es sehr unterschiedliche Schwingungen und Rhythmen in der Schöpfung gibt. Nicht nur, daß der Geist viel feiner und schneller schwingt als unser Denken, die Schwingung unseres Denkens ist wiederum sehr viel schneller als die unseres Körpers.

Die mentalen und emotionalen Muster und Neigungen, die wir aus früheren Leben mitbringen, haben einen direkten Einfluß auf die Auswahl unserer physischen Eltern und die Ausbildung unseres Körpers bei der Inkarnation. Diese unterschiedlichen feinen Schwingungen wirken sich schon während der Entstehung des Körpers auf den Energiefluß in unseren feinstofflichen Energiekanälen, den Meridianen, aus. Diese wiederum hängen eng mit unserer psychischen Disposition und der Funktionsfähigkeit unserer Organe zusammen.

Die positive Beeinflussung unserer Gesundheit und unseres

Karmas muß ebenfalls auf der geistigen und feinstofflichen Ebene beginnen. Unser Körper reagiert jedoch im Gegensatz zu unserem Denken sehr langsam. Diejenigen, die mit positiven Affirmationen arbeiten, wissen, daß positive Gedanken eine gewisse Zeit benötigen, ehe sie sich im Körper manifestieren.

Nehmen wir als Beispiel eine Entspannungsübung. Wir sitzen oder liegen bequem und sagen uns innerlich «ich bin völlig entspannt». Vielleicht werden die Muskeln unserer Beine und Arme zucken, als wollten sie sagen: «Das stimmt gar nicht, wir sind unruhig.» Erst wenn die Entspannungsübung regelmäßig wiederholt wird, lernt unser Körper, sich unseren Gedanken und unseren Wünschen unterzuordnen. Wir konditionieren uns und unseren Körper, so daß wir uns auf Wunsch sehr schnell entspannen können.

Was im Positiven eingeübt werden kann, geschieht leider auch im Negativen – mit dem Unterschied, daß wir negative Muster oft nicht zu lernen brauchen, weil wir sie schon viele Leben lang praktiziert haben. Wir geben gerne unserer Lust oder Unlust oder unseren Neigungen nach. Wir haben beispielsweise keine Lust, früh aufzustehen, keine Lust, zu frühstücken oder große Lust, als erstes am Morgen einen starken Kaffee zu trinken.

Wir haben keine Lust, die Wohnung zu putzen oder zu arbeiten. Wenn wir schon arbeiten, dann wollen wir für möglichst wenig Arbeit möglichst viel Geld bekommen. Es gibt auch Menschen, die arbeiten ohne ein Gefühl für das rechte Maß. So kann Arbeit für sie zum Lebensinhalt werden, wodurch sie die anderen Aspekte des Lebens oft vernachlässigen. Nach Jahren haben sie dann das Gefühl, etwas verpaßt zu haben, und wissen nicht einmal genau, was es ist.

Menschen, deren Lebensinhalt die Arbeit ist, konditionieren sich und ihren Körper, zwölf Stunden und mehr zu arbeiten. Es ist eine Art Training, und im gesamten Arbeitsbereich funktionieren sie sehr gut. Doch haben diese Menschen oft auch noch Familie, das heißt einen Partner oder eine Partnerin und Kinder.

In den Augen der Umwelt sind diese Menschen fleißig und fürsorglich, denn ihren Angehörigen geht es finanziell gut. Doch das physisch-psychische Wohlergehen der einzelnen Familienmitglieder nehmen sie häufig überhaupt nicht wahr. Jemand, der nur für seine Arbeit lebt, nimmt oft noch Anteil am Leben seiner Mitarbeiter, aber wie es seiner Frau und seinen Kindern geht, weiß er nicht. Für die Familie ist das mitunter schmerzlich, und sie fühlt sich allein gelassen.

So ein Vater und Mann nimmt dies mit seinem Alltagsbewußtsein nicht wahr. Unbewußt spürt er natürlich, daß etwas nicht stimmt. Er fühlt sich aber überfordert, wenn er sich auch noch um das seelische Wohl der Familie kümmern soll. Also schiebt er das unbequeme Problem zur Seite, und sein Körper reagiert vielleicht mit Symptomen wie Wochenendmigräne, Nacken-Schulter-Verspannungen oder Bluthochdruck.

Es kann auch geschehen, daß ein anderes Familienmitglied plötzlich irgendwelche Symptome zeigt. Eine Familie besteht zwar aus einzelnen Menschen, alle zusammen bilden sie jedoch ein System. Dieses System funktioniert problemlos, solange alle miteinander im Einklang und im Wohlbefinden sind.

Hat dagegen ein Elternteil an ein Kind zu hohe Erwartungen, auch wenn diese nicht ausgesprochen werden, so kann das Kind bestimmte Symptome entwickeln. Diese werden dann häufig von einem Kinderarzt nur symptomatisch behandelt. Wenn beispielsweise ein achtjähriger Bub nachts wieder das Bett einnäßt, wird der Kinderarzt den Jungen organisch untersuchen, um zu sehen, ob körperlich alles in Ordnung ist, er wird ihn beispielsweise auf Erkältung und Infektionen hin untersuchen. Daß der Junge in seiner Seele leidet, weil vielleicht zwischen seinen Eltern große Probleme bestehen, wird entweder spät oder überhaupt nicht erkannt.

Wie kann ein Mensch wissen, wie er sich richtig verhalten soll?

Viele der großen Weltreligionen geben ihren Anhängern sogenannte Gesetze oder Lebensregeln. Manche Menschen empfinden das als Einschränkung ihres spontanen Lebens. Wir dürfen nicht vergessen, daß diese Gesetze oftmals einen Sinn hatten oder noch haben. Den Religionsgründern wurden die Einsicht, Intuition und Kraft gegeben, um für die Zeit, in der sie lebten, und für das Bewußtsein ihrer Mitmenschen die geeigneten Lebensbedingungen und Botschaften zu übermitteln. Natürlich haben nach drei- oder viertausend Jahren nicht mehr alle diese Regeln ihre Gültigkeit.

Versuchen wir, in den damals erschaffenen Gesetzen eine Bedeutung für unsere heutige Zeit zu finden, so werden wir immer noch einiges Wichtiges entdecken. Heißt es in den christlichen zehn Geboten unter anderem: «Du sollst nicht begehren deines Nächsten Hab und Gut», so spricht Buddha: «Nimm nichts, was dir nicht gegeben wird.» In beiden Geboten wird ungefähr dasselbe gesagt. Nur Buddha bezieht diese Worte auf sehr viel mehr, nicht nur auf das Eigentum im materiellen Sinn.

Wenn wir zufrieden sind, nehmen wir nichts, was uns nicht gegeben wird. Zufrieden zu sein, mit dem, was man hat, und mit dem, was man bekommt, ist das Ziel, das wir anstreben sollen. Wir sollen nichts erwarten, erzwingen oder uns heimlich nehmen. Wir werden innerlich entspannt und gelassen, wenn wir Dinge und andere Menschen sein lassen können.

Wir Menschen sind zumeist daran gewöhnt, mit Spannungen und inneren Widersprüchen zu leben. Mit unserem Denken sind wir in der Lage, unendlich viele Wünsche zu produzieren. Ist ein Wunsch erfüllt, steigt ganz sicher bald der nächste auf und will unbedingt befriedigt werden. Das Wünschen ist wie eine vielköpfige Hydra: Schlägt man einen Kopf ab, so wachsen mehrere neue nach. Wir aber bleiben unzufrieden. Auch diese Prozesse finden in unserem Denken statt, das heißt in unserem Kopf.

Da unser Körper aber eine Einheit darstellt, fließt dieses

Gefühl von Unerfülltheit und Unzufriedenheit in den ganzen Körper, und irgendwann reagieren die Schwachpunkte in unserem Körper. Vielleicht entwickelt sich in uns Neid, weil andere etwas haben, das wir selbst gerne hätten. Bald werden unsere Leber und Galle reagieren, und eines Tages sind wir «gelb vor Neid», wie der Volksmund sagt.

Man könnte denken, es sei ganz leicht, mit sich und seiner Umwelt im Einklang zu leben. Denn wenn wir das tun, sind wir doch in Harmonie, und diese hat wiederum ihre Wirkung auf unseren Körper. Doch können uns unsere Mitmenschen meist ganz leicht aus der Fassung bringen: Der Nachbar setzt nach 22 Uhr noch seine Bohrmaschine in Betrieb, oder der Hund im Nebenhaus bellt zur «Unzeit», die Kollegin will uns eins auswischen und macht sich an den Chef heran. Unsere Eltern mäkeln an allem herum, was wir für sie tun. Das alles und noch viel mehr können Gründe sein, sich zu ärgern. Es muß aber nicht so sein.

Wenn wir in uns eine Insel des Friedens schaffen, können wir genügend Abstand zu den Problemen und zu unseren persönlichen Wünschen bekommen. Im Grunde machen wir oft die Probleme der anderen zu unseren eigenen. Wenn wir Situationen, die wir nicht ändern können, akzeptieren wie sie sind, und zufrieden bleiben, so sind wir ein ganzes Stück auf unserem Wege weitergekommen. Wir lassen uns dann nicht durch Dinge, die es nicht wert sind, aus der Ruhe bringen.

Regen wir uns über Situationen auf, die wir ändern wollen, aber nicht können, so steigt unser Blutdruck, und der Körper kann sich verhärten, oder auch der Magen kann extrem reagieren. Wir leiden dann unter teilweise sehr unangenehmen physischen Symptomen, haben aber die Situation überhaupt nicht geändert. Das heißt, wenn wir etwas haben wollen, was wir nicht bekommen, können wir durch Ärger krank werden. Wir wollen, daß die Menschen sich so verhalten, wie wir es für richtig halten. Wir wollen, daß sich Situationen so entwickeln, wie es für uns angenehm und vorteilhaft ist.

Nun ist das Leben aber sehr viel komplexer und funktioniert nicht einfach auf Knopfdruck mit einem völlig angenehmen, problemlosen Programm. Wir bekommen genau die Schwierigkeiten, die wir brauchen, um bestimmte Qualitäten zu entwickeln, genau die richtigen Probleme, um innerlich zu wachsen und frei zu werden von Unwichtigkeiten. Selbst wenn wir endlich gelernt haben, in den meisten Situationen gelassen zu bleiben, braucht unser Körper noch viel längere Zeit, um diese Ruhe und Gelassenheit in sich zu verwurzeln. Mit uns im Einklang zu sein ist ein Ziel, das wir anstreben und verwirklichen können.

Im Einklang leben

Was bedeutet es, im Einklang zu sein? Wie sieht unser Leben aus, wenn wir dieses Ziel verwirklicht haben? Womit oder mit wem befinden wir uns im Einklang?

Betrachten wir ein paar Alltagssituationen. Stellen Sie sich vor, Sie gehen mit Ihrem Partner in der Stadt spazieren. Auf der Straße fährt ein «rassiger» roter Sportwagen vorbei. Ihr Partner schaut dem Auto nach und gerät ins Schwärmen. Um so zu tun, als wären Sie mit ihm im Einklang, stimmen Sie in seine Begeisterung mit ein, obwohl Ihnen protzige rote Sportwagen in Wahrheit überhaupt nicht gefallen.

Ein anderes Beispiel: Eine Freundin von Ihnen schafft sich eine Katze an, und für Tage ist das einzige Gesprächsthema Ihrer Freundin die Katze: wie sie schläft und läuft und springt, was sie ißt und was nicht. Sie selbst sind Katzen gegenüber eher zurückhaltend, vielleicht haben Sie sogar eine Katzenallergie. Um bei Ihrer Freundin weiter beliebt zu bleiben, tun Sie, als ob Sie die Katze Ihrer Freundin besonders mögen, was aber nicht stimmt.

Ein Kollege von Ihnen hatte in der letzten Zeit Pech. Er hatte einen kleinen Autounfall, seine Schwiegermutter kündigte sich für einen dreiwöchigen Besuch bei ihm an, was immer mit sehr viel Streß verbunden ist, außerdem ist ihm noch sein Wellensittich entflogen. Er beginnt Galgenhumor zu entwickeln und dumme Sprüche von sich zu geben, nach dem Motto: «Das ganze Leben ist besch… ha, ha, ha.» Sie lachen aus Höflichkeit mit. Dabei ist Ihnen überhaupt nicht zum

Lachen zumute, weil Sie erkennen, daß der Kollege wirklich leidet.

In allen drei Fällen waren Sie nicht mit sich selbst im Einklang. Sie haben den anderen nicht ehrlich gesagt, was Sie denken, sondern haben sie belogen. Und Sie haben die Lüge als Disharmonie in Ihrem Körper gespeichert.

Im Einklang mit sich selbst zu sein heißt auch, im Einklang mit der Wahrheit zu sein. Es bedeutet, ehrlich mit sich und den anderen umzugehen. Es ist ein weites Feld, das wir zum Üben zur Verfügung haben, unser ganzes Leben und jeder Tag bieten uns viele Möglichkeiten, Ehrlichkeit zu praktizieren.

Wir können echt sein oder uns anpassen, uns verstellen und eine Rolle spielen, die nicht zu uns gehört. Die ersten Programmierungen haben wir oft schon in der Kindheit erfahren: «Wenn du artig bist, hat dich die Mami lieb.» Das heißt, wenn wir keine eigenen Bedürfnisse oder Anschauungen haben oder zu erkennen geben, wenn wir pflegeleicht sind, dann schenkt uns der andere seine Liebe. Diese Programmierung bleibt unser ganzes Leben lang wirksam.

Wir brauchen Anerkennung und Liebesbeweise von den anderen, weil wir sie uns selbst nicht geben. Wir sind teilweise süchtig nach Liebe und tun fast alles, um sie zu bekommen. Doch wir sind nicht ehrlich. Wir empfinden einen Mangel, deuten dies als fehlende Liebe und wenden alle möglichen und unmöglichen Tricks an, um Zeichen von Dankbarkeit und Liebe zu bekommen.

Wieviel heilsamer für sich und andere ist es dagegen, ehrlich zu sein. Sagen Sie Ihrem Partner einfach, daß so ein roter Sportwagen, der ihn fast in Ekstase bringt, nicht Ihr Fall ist. Schließlich schätzen Sie Ihren Partner doch genauso, obwohl Sie in manchen Punkten einen anderen Geschmack haben. Und auch Ihre Freundin wird es akzeptieren, wenn Sie weiterhin einen Bogen um Katzen machen. Wären Sie eine Katzenliebhaberin, so hätten Sie wahrscheinlich schon selbst eine Katze zu Hause.

Was den Kollegen mit dem Galgenhumor betrifft, so würden Sie ihm viel mehr helfen, indem Sie nicht über seine dummen Sprüche lachen, sondern ihm mitfühlend und ernst sagen, daß Sie das nicht lustig finden, sondern vielmehr spüren, daß ihn die Ereignisse der letzten Zeit sehr belasten.

Spielen Sie die unehrlichen Spiele der anderen nicht mit. Es ist kein Zeichen von Höflichkeit, sondern vielmehr oft eine Quelle von Falschheit.

Wahrhaftig sein, echt sein – das wird immer wieder von den geistigen Meistern erwähnt – ist die Bedingung, um mit der Schöpfung in Einklang zu kommen. Mit der Schöpfung im Einklang zu sein heißt letztlich auch, mit Gott im Einklang zu sein. Franziskus von Assisi war absolut echt, er konnte mit den Tieren sprechen, und diese verstanden ihn. Die Tiere sind in ihrem Wesen echt. Nur wenn sie mit neurotischen Menschen zusammenleben müssen, verändert sich ihr Wesen negativ.

Stellen Sie sich vor, daß Sie sich ab jetzt, ab heute vornehmen, ehrlich zu sein. Was kann das in Ihrem zukünftigen Leben bewirken? Falsche Freundschaften werden sich auflösen, Menschen, die vorher zurückhaltend zu Ihnen waren, öffnen sich und schenken Ihnen Freundschaft. Es wird Ihnen Achtung entgegengebracht vor Ihrem Mut und Ihrer Stärke, eine eigene Anschauung zu haben und eigene Wege zu gehen. Ihre Bewegungen, Ihr Gang werden harmonischer, Ihre Ausstrahlung wird ruhiger. Ihr Sinn für das Echte wird sich immer mehr entwickeln, und Sie erkennen sehr schnell das Unechte. Und etwas anderes wird sich auch noch einstellen: Im Laufe der Zeit wird Ihr Körper gesünder.

Sie nehmen das Leben wahr, so wie es ist. Das heißt, Sie deuten nichts in Situationen hinein, Sie akzeptieren das Leben, wie es ist. Sie nehmen auch Ihre Mitmenschen alle, so wie sie sind, die Ehrlichen ebenso wie die Unehrlichen. Sie kritisieren nicht, sondern nehmen wahr. Aber Sie passen sich der Unehrlichkeit nicht an.

Glauben Sie nicht, daß das immer leichtfällt. Doch Sie werden daran wachsen, und die Wahrhaftigkeit, die Sie leben, verleiht Ihnen immer größere Freiheit und Stärke. Es ist eine geistige Kraft, die mit Ihnen wirkt und Ihnen hilft, «im Einklang» zu sein.

Gesundheit

Hazrat Inayat Khan: Hast du Lust, etwas über Gesundheit zu schreiben?
Christa: Ja natürlich, gerne.

Hazrat: Das ist ein Thema, das im festen Glauben der Menschen verlorengegangen ist. Für die meisten ist Gesundheit die Abwesenheit von Krankheit – und nicht umgekehrt, daß Krankheit die Abwesenheit von Gesundheit bedeutet. Eine Krankheit ist heutzutage für viele ein Weg, um Aufmerksamkeit zu bekommen, um ein Gesprächsthema zu haben, um sich mit sich selbst zu beschäftigen. Die Sache kann jedoch leicht ins Negative umschlagen.

Geht ein Mensch unaufhörlich von einem Arzt zum anderen und erwartet immer neue Diagnosen, so ist das eine krankhafte Neigung im psychischen Bereich. Es gibt Menschen, die sich in Gedanken angsterfüllt durch Jahre hindurch vorstellen, daß sie eine schwere Krankheit haben. Wieder und wieder konsultieren sie Ärzte, ob nicht einer «endlich» die schreckliche Diagnose stellt.

Gedanken sind schöpferische Kräfte. Ist es da verwunderlich, wenn ein Körper schließlich krank wird? Fast triumphierend sagen diese Menschen dann: «Siehst du, das habe ich ja immer schon gewußt.» Warum ist die Gesundheit so wichtig, und warum wird sie von Menschen, die gesund sind, so wenig geschätzt, während sich Kranke und Leidende doch wünschen, wieder gesund zu sein? Für den Menschen ist es ein ganz normaler Zustand, gesund zu sein. Er bemerkt erst den Unterschied, wenn er von irgendeiner Krankheit befallen wird.

Es gibt immer mehr Menschen, die eine eher passive Einstellung zum Leben haben. Sie leisten Schwierigkeiten keinen Widerstand und haben in jeder Hinsicht keine Widerstandskraft. Diese Menschen laufen viel mehr Gefahr, an Immunschwäche zu sterben, als Menschen, die sich widersetzen oder sich durchsetzen können.

Was kann ein Mensch dagegen tun? Es ist unglaublich, wie manche Menschen die schlimmsten Krankheiten durchstehen oder inmitten von Kranken, die sie pflegen, völlig gesund bleiben. Es gibt Menschen, die ihr ganzes Leben lang gesund und widerstandsfähig sind. Die Ursache kann in einer sehr gesunden Erbmasse liegen. Zum anderen gibt es Menschen, die gesund bleiben, weil sie mit sich und der Schöpfung im Einklang leben, und die die innere Überzeugung haben, daß Gesundheit in ihr Leben gehört.

Wer bleibt nicht lieber gesund, wenn er es sich aussuchen kann? Die Gedanken sind eine wichtige Ursache dafür, ob wir gesund bleiben oder krank werden. Menschen, die die Neigung haben, sich Sorgen zu machen, werden eher krank, ebenso solche, die schweren Kummer haben. Sehr oft geschieht es, daß ein Mensch einen nahen Angehörigen durch Tod verliert und kurz danach selbst erkrankt. Ein niedriger Energiespiegel führt eher zu einer Erkrankung als ein normaler oder hoher Energiespiegel. Sich Sorgen machen, die Zukunft in Gedanken voller Katastrophen sehen, Kummer und Leid nehmen einem Menschen sehr viel Energie.

Selbst wenn der Körper für eine Weile krank sein sollte, können wir uns immer noch sagen, daß wir nicht unser Körper sind. Wir haben diesen Körper, doch wir sind nicht unser Körper. Unsere Seele ist gesund und heil, und das körperliche Leiden geht vorüber, wie alles einmal vorbeigeht. Finden wir in unserer Seele einen Quell der göttlichen Freude, so können wir viel zu unserer Heilung beitragen. Es hängt natürlich auch von der Krankheit ab, gegen die wir uns zur Wehr setzen.

Ein Mensch kann sich immer wieder vergegenwärtigen, daß er ein Kind Gottes ist und daß er die heilende göttliche Weisheit in sich, in jeder Zelle lebendig präsent hat. Nicht der Körper ist unser Ich, sondern der Geist. Er bildet das höhere Selbst.

Wenn wir keine Freude an Krankheiten haben, sollten wir uns um Gesundheit bemühen. Wie können wir das wirkungsvoll tun? Es genügt nicht, wenn wir nur auf eine gesunde Ernährung achten. Was uns viel eher krank macht als ungesunde Nahrung, ist, wenn wir schädliche Ideen haben, wenn wir Gier, Haß und Unwissenheit pflegen. Daraus entsteht schließlich unheilsames Tun, welches eine unheilsame Wirkung auf unser Leben und unsere Gesundheit hat.

Haben wir eine stabile Gesundheit, so können wir dankbar sein. Es gibt immer einen Grund zur Dankbarkeit. Nichts ist selbstverständlich, für alles können wir dankbar sein. Finden Sie den Weg im Leben, auf dem Sie zufrieden sind. Alle Menschen wollen glücklich sein. Doch Glücklichsein wird nie ein Dauerzustand sein, sondern es ist immer nur die Ausnahme. Zufriedenheit können wir selbst üben, um dies als Zustand zu halten. Glück ist eher ein Geschenk des Himmels, das kostbar und selten ist. Können wir für uns Zufriedenheit entwickeln, dann strahlen wir dieses Gefühl, auch ohne Worte, auf unsere Umgebung aus. Es ist eine heilsame Wirkung, die wir ausüben. Die Menschen in unserer Umgebung werden sich dann wohl fühlen und sogar unsere Nähe suchen.

Unsere Gesundheit hängt in großem Maße von unserem Verhalten ab. Niemand kann sagen, es sei gesund zu rauchen. Raucher haben eine Tendenz, sich selbst zu schaden oder sich unbewußt sogar zu zerstören. Niemand kann sagen, daß regelmäßiger hoher Alkoholkonsum dem Körper oder der Seele guttue. Auch Alkoholiker haben irgendwann einmal mit dem ersten «harmlosen» Glas angefangen.

Niemand kann behaupten, daß Grübeln und Sich-Sorgen-

Machen für irgend etwas gut sind. Negative Gedanken sind ebenso schöpferisch wie positive Gedanken. Nur nehmen die negativen Gedanken uns die Energie, statt Energie zu geben. Dunkelheit bedrückt das Gemüt: die Dunkelheit der Wintermonate ebenso wie die Dunkelheit der Gefühle und Gedanken. Es ist immer das Licht, das uns fehlt. Äußerlich fehlt uns das Sonnenlicht, innerlich fehlen die Begeisterung, der Elan, die Vitalität. Und was uns meist auch fehlt, ist die Übung, durch schöpferisches und positives Denken etwas Gutes zu schaffen.

Richten Sie sich nach Ihrem eigenen Gefühl, in allem, was das Essen und Trinken betrifft. Es gibt tausend Diäten, die uns Schlankheit, Frische, Vitalität und Jugendlichkeit bis ins hohe Alter versprechen. Es hilft nichts, wenn Sie täglich pflichtbewußt Ihre Möhren essen, in Ihrem Gemüt aber dunkle Gedanken hegen. Es sind die dunklen Gedanken, die Ihr Leben belasten werden.

In den Zeitungen kann man immer mal wieder lesen, daß irgend jemand seinen hundertundzehnten Geburtstag feiert. Nicht selten erzählen die Geburtstagskinder fröhlich, daß sie seit fünfzig Jahren und länger täglich ihr Gläschen Wein trinken und auch dem Rauchen nicht abhold sind. Es wäre naiv, zu glauben, daß der Wein und der Tabak den Menschen ihr hohes Alter beschert haben. Es ist vielmehr ihr fröhliches, dankbares Gemüt, welches sie zufrieden hat alt werden lassen und ihnen eine gute Gesundheit gegeben hat.

Gesundheit beginnt im Denken, in der inneren Haltung und in der Intention, mit der Sie das Leben und seine Herausforderungen angehen. Alles, was Sie mit Freude und Begeisterung tun, gibt Ihnen Freude. Genießen Sie ganz bewußt ein Glas Wein, so haben Körper und Sinne ein schönes Erlebnis.

Es ist jedem Menschen freigestellt, sich seine eigene Einstellung zum Leben zu erarbeiten. Keiner muß die Einstellung seiner Eltern übernehmen, besonders nicht, wenn diese dem Leben und den Freuden des Lebens gegenüber negativ eingestellt waren. Wir können jederzeit Neues ausprobieren, wir können uns unsere eigene Meinung bilden, aus unseren Erfahrungen lernen. Wir sind so frei, wie wir denken, daß wir es sind. Auf jeden Fall sind unsere Gedanken ein Grundstein für unsere Gesundheit.

Für die Gesundheit ist jeder selbst mitverantwortlich. Kaum einer, der das weiß, nimmt es anfangs wirklich ernst. Nicht die Umwelt ist in erster Linie schuld, wenn es Ihnen nicht gutgeht. Sie selber gestalten mit Ihren Gedanken Ihr Leben, Ihre Gesundheit und Ihre Zukunft. Es ist für die geistige Welt immer wieder grausam zu sehen, wie die Menschen Gedanken schaffen, die zerstörerisch sind. Gedanken sind Ballungen von Energie, die von dem Moment an, wo sie gedacht werden, ein Eigenleben führen. Sie umgeben den Urheber und scheinen ein dichtes Feld um den Denker zu bilden. Je nachdem, welche Qualität die Gedanken haben, so ist auch ihre Farbe.

Lichte, wohlwollende Gedanken liegen im Spektrum von zartrosa bis gold, Gedanken der Wut und der Rache sind leuchtend rot bis dunkelrot-braun. Gedanken, die an alle schlimmen Möglichkeiten denken, die in der Zukunft passieren können, sind grau bis schwarz, mit allen Schattierungen. Nicht umsonst sagt man auch, man sieht schwarz für die Zukunft. Werden dunkle Gedanken der gleichen Art immer wieder gedacht, so beginnen sie sich auszubreiten. Statt daß die Aura immer leuchtender und heller wird, breitet sich ein grauer Schleier um das Energiefeld des Menschen aus.

Warum nennen sich so viele Menschen Christen und leben doch nicht christlich? Ein wahrer Christ wird sich keine Grübeleien und kein «Sich-Sorgen-Machen» leisten. Sein Vertrauen in die göttliche Führung sollte so stark sein, daß er die innere Gewißheit hat, daß Krisenzeiten vorübergehen und die innere Verbindung zu Christus das Wichtigste ist.

Es ist dem Menschen freigestellt, sich seinen Himmel oder seine Hölle schon auf Erden zu gestalten. Leider wählen allzu viele die Hölle. Das menschliche Denken, die menschliche

Phantasie sind die Quelle aller Kreativität. Künstler erschaffen die schönsten Werke, Wissenschaftler präsentieren Erkenntnisse, die vorher noch niemand hatte, und alles geschieht durch das menschliche Denken. Musiker komponieren und lassen die schönste Musik entstehen, die die Seele anspricht, es kann aber auch nur eine Ansammlung von Geräuschen und Tönen werden.

Der Mensch denkt nicht nur mit seinem Gehirn, auch wenn die Forscher das immer noch glauben. Der Mensch denkt unter anderem auch mit einem Teil seines höheren Ätherkörpers. Sehr viel Intuition kommt aus höheren Ebenen. Es ist so wichtig, daß wir lernen, unserer Intuition zu vertrauen. Viele Enttäuschungen bleiben uns erspart, wenn wir lernen, auf unsere innere Stimme zu hören. Es widerspricht jeglicher Vernunft, die innere Stimme zu ignorieren und statt dessen die Argumente des Alltagsdenkens ernst zu nehmen. Ich selbst habe auf Erden gelebt und weiß, wovon ich spreche.

Kannst du sagen, daß du dir nie Sorgen machst?

Christa: Nein, aber ich bemühe mich, mitzufühlen, ohne mir negative Vorstellungen von dem zu machen, was passieren könnte.

Hazrat: Genau darum geht es. Mitfühlend zu sein, ohne seine Phantasie in eine negative Richtung laufen zu lassen. Nicht ein Ereignis an sich ist ein Grund, um sich negative Ereignisse für die Zukunft auszudenken. Findet einen Weg, eure Gedanken zu meistern. Wenn ihr euch dabei ertappt, wie ihr Gedanken von schrecklichen Zukunftsbildern habt, haltet sofort inne und betet so lange zu Gott, bis ihr innerlich wieder Vertrauen habt und ruhig seid.

Offen gesagt ist es nicht leicht, über Krankheiten zu schreiben, die es einem im Leben schwermachen und die karmische Belastungen darstellen. Jemand kann HIV-positiv sein und das nur, weil er eine infizierte Blutkonserve bekommen hat. Kinder werden schon HIV-positiv geboren und haben doch in ihrem jungen Leben noch nichts Unrechtes getan. Diese Krankheit ist durch menschliche Voreingenommenheit enorm belastet. In früheren Jahrhunderten hatte diese Rolle die Syphilis. Der «moralische» Kleinbürger erhob sich innerlich über die Erkrankten. Auch heute noch meinen viele, Krankheit sei ein Zeichen für einen schlechten Charakter oder einen schlechten Lebenswandel.

Für viele Menschen ist Krankheit eine Strafe Gottes. Oft wissen sie nicht einmal, warum er sie mit Krankheit geschlagen hat. Aus ihrer Sicht sieht es so aus, als ob Gott willkürlich Gesundheit oder Krankheit über die Menschen brächte und es reine Glückssache sei, ob man Gesundheit abbekommt oder nicht. Dem ist aber nicht so: Gott ist ein Gott der Liebe, und er läßt niemanden leiden. Sicher ist, daß Gott uns nicht willkürlich mit irgendwelchen Krankheiten schlägt.

Wir dürfen nicht vergessen, daß wir in das Rad des Karmas eingebunden sind. Wir senden Schwingungen aus, sei es in Form von Gedanken, Sprache oder Tun, und bekommen die Ergebnisse immer wieder zurück. Selbst unsere Gefühle strahlen ihre Energie aus und kommen irgendwann wie ein Echo zu uns zurück. Wir bekommen immer noch karmische Ergebnisse von Taten zu spüren, die schon einige Inkarnationen zurückliegen können.

Ein weiterer Aspekt von Krankheit ist, daß auch Angehörige oder sehr nahestehende Menschen betroffen sein können. Wir leiden mit, wenn unser Partner oder unser Kind, wenn Vater oder Mutter, Bruder oder Schwester leiden. Wir sind als Mitleidende eingebunden in den ganzen Prozeß. Oft hängt ein großer Teil der Pflege ja von den Angehörigen ab. Der Kranke nimmt das Opfer auf sich, Hilfe und Pflege zu brauchen. Nur so können die Freunde und Angehörigen ihren Teil des Karmas abdienen. Im Leben sind Geben und Nehmen im Wechsel. Manchen fällt es leicht zu geben, aber sehr schwer zu nehmen.

Vielleicht kommen diese Menschen in die Lage, daß sie lernen müssen, Hilfe anzunehmen.

Hilfe, Pflege, Zuwendung können eine bezahlte Dienstleistung sein und außerdem noch mit Liebe und Freude gegeben werden. Es kann aber auch nur ein Liebesdienst sein, ein Liebesdienst, der Herzensbedürfnis ist. Die Opfer, die Ärzte und Pfleger täglich bringen, sind hoch. Angehörige und Freunde werden eines Tages vor die Tatsache gestellt, daß jemand ihre Hilfe braucht, der ihnen nahesteht. Es ist unfaßbar, welche Energien dann aktiviert werden, um einen Menschen zu pflegen. Mütter mit behinderten Kindern könnten ohne Liebe nicht das aushalten und tun, was sie tun.

Wiederum bringen Kinder und Enkelkinder größte Opfer, um einen Angehörigen, oft Jahre lang, zu hegen und zu pflegen. Wer denkt schon an den Satz, den Christus sagte: «Was ihr dem geringsten meiner Brüder getan, das habt ihr mir getan.»

Nächstenliebe ist eine Antwort auf Krankheit und Leiden, das eine bedingt das andere. Und jede Seite hat ihre Rolle in diesem karmischen Spiel übernommen: Jeder ist für den anderen eine Chance, im Leben Erfahrungen zu machen und karmische Lasten abzutragen.

Gesundes Denken

Heute sind die meisten Menschen in der Lage, sich gesund zu ernähren. Jeder weiß, daß Fleisch, im Übermaß gegessen, dem Körper Nachteile bringt. Dasselbe ist der Fall mit allen bearbeiteten, denaturierten Lebensmitteln. Dazu gehören Weißzucker, Weißmehl und alle Produkte, in denen diese Stoffe enthalten sind. Im Grunde sollten nur solche Dinge «Lebensmittel» heißen, die tatsächlich Leben vermitteln oder Leben enthalten.

Es gibt genügend Literatur über gesunde Ernährung, jeder kann sich selbst Gedanken machen, ob seine Nahrung natürlich und voller Lebenskraft ist oder ob mehr oder weniger toter Ballast darin enthalten ist, der schädlich und künstlich ist. Der Lebenswert von Nahrungsmitteln liegt in ihrer Echtheit und Lebendigkeit. Alles Künstliche irritiert das menschliche Energiefeld.

Zum Beispiel ist Milch zwar ein Naturprodukt, und viele Menschen denken auch, daß sie sich etwas Gutes tun, wenn sie viel Milch trinken. Doch selbst das «Naturprodukt» Milch ist mittlerweile dermaßen denaturiert, daß es mit der ursprünglichen Kuhmilch nicht mehr viel gemeinsam hat. Außerdem ist ja bekannt, daß ein Zuviel des Guten das Gegenteil der beabsichtigten Wirkung zur Folge hat.

Gehen Sie nach Ihrem Appetit und nicht nach der Werbung. Werbung will die Umsätze der Firmen ankurbeln, der Werbung ist Ihre Gesundheit egal. Eine intelligente Werbung suggeriert dem Verbraucher, was er braucht und womit er scheinbar gesund und jung bleiben und gleichzeitig sehr alt werden kann. Lernen Sie wieder, Ihren Verstand zu benutzen. Überprüfen Sie alles, was sie hören, sehen oder lesen. Es ist im Leben immer gut, die Dinge zu hinterfragen. Das beginnt bei der Nahrung und geht bis zu den Angeboten der Esoterik und Lebenshilfe.

Unsere Unterscheidungskraft anzuwenden hilft uns Geld zu sparen und läßt uns weniger Enttäuschungen erleben. Zunächst müssen wir uns vertraut machen mit unserer Unterscheidungskraft. Dabei spielt unsere Intuition eine wichtige Rolle und unsere innere Stimme. Vertrauen wir darauf, dann sind wir gut geführt. Wenn Sie am Anfang noch an sich zweifeln, dann können Sie folgendes ausprobieren: Schreiben Sie das Problem, das Sie haben, kurz auf, und schreiben Sie dazu, was Ihnen Ihre Intuition in dieser Angelegenheit rät. Sollten Sie gegen Ihre Intuition entscheiden, können Sie später nachlesen, wie Ihre Intuition Sie geführt hätte.

«Jeder ist seines Glückes Schmied» – dieser Ausspruch gilt in gewisser Weise auch für unsere Gesundheit. Es ist kein Geheimnis, daß zufriedene Menschen glücklicher leben als nörgelnde, unzufriedene. Innere Zufriedenheit können wir selbst erreichen, Zufriedenheit kann mehr oder weniger unabhängig sein von den äußeren Umständen. Es hilft uns auch hier, wenn wir unterscheiden lernen.

Unterscheidungskraft entwickeln wir, indem wir uns mit unserer Intuition vertraut machen und mehr und mehr auf unsere innere Stimme hören. Dann können wir besser unterscheiden zwischen echt und unecht, zwischen dem, was gut für uns ist oder weniger gut. Das innere Gefühl soll uns bei unseren Entscheidungen leiten.

Unsere Intuition ist am klarsten, wenn wir hochgestimmt sind. Lassen wir uns dagegen in eine bedrückte Stimmung hineinfallen, geben wir unsere Beherrschung aus der Hand. Lassen wir uns von Launen und Stimmungen schnell einfangen, so treiben wir wie ein hilfloser Korken auf dem Meer und werden von den Wellen auf und nieder geworfen. Ist es nicht schrecklich, wenn man durch die kleinsten Bewegungen und Eindrücke schon aus seinem inneren Gleichgewicht gerät?

Sagen Sie nicht, Sie seien eben so, wie Sie sind. Es sei halt das Erbe oder das Temperament. Jeder Mensch kann sich ändern, wenn er es will. Sobald er Ausreden benutzt, warum er sich nicht ändern kann, ist das ein Zeichen, daß dahinter mangelnder Wille steht. Indem wir uns üben, nicht jeder Stimmung, nicht jedem Impuls nachzugeben, lernen wir, unsere Gefühle in den Griff zu bekommen. Es ist am Anfang nicht leicht. Doch wenn wir jeden Tag ein bißchen üben und uns bewußt programmieren, lernen wir schnell. Nehmen Sie sich zum Beispiel für die Zukunft vor, nur bei jedem dritten Anlaß wütend zu werden.

Bitte verwechseln Sie nicht Spontaneität mit Unbeherrschtheit. Wenn Sie gelernt haben, Ihre Gefühle zu zügeln, können Sie sich nach einiger Zeit völlig entspannt in schwierigen Situationen bewegen. Sie können immer noch ganz echt und spontan sein, ohne jedoch sich oder andere durch Ihre Unbeherrschtheit zu verletzen. Haben Sie Geduld mit sich. Schenken Sie sich die Geduld, die Ihre Eltern für Sie vielleicht nicht hatten. Sie sind jetzt allein für sich verantwortlich, und Sie können sich alle Zeit nehmen, die Sie brauchen, um ein neues Potential von Möglichkeiten in sich zu verwirklichen.

Es gibt im Leben unzählige Möglichkeiten, zu lernen. Ein intelligenter Mensch wird das meiste nur einmal erfahren und schon daraus lernen. Ein dummer Mensch macht immer wieder dieselben Fehler und erwartet doch immer wieder neue Resultate. Es ist nicht schlimm, wenn Sie Fehler haben oder Fehler machen. Wir haben alle Fehler, das zeichnet uns als Menschen aus. Sie kennen den Ausspruch: «Nur Gott ist vollkommen.»

Das bedeutet nicht, daß wir an unseren Fehlern haften bleiben sollen. Wir können die Eigenschaft, von der wir meinen, sie sei ein Fehler, nach und nach in ihr Gegenteil verwandeln. So verwandeln wir Angst in Mut, Unbeherrschtheit in Gelassenheit, Haß in Liebe, Geiz in Großzügigkeit. Da alles Energieformen sind, ist Verwandlung immer möglich. Nur unser Denken muß sich umstellen.

Eine feste Meinung, daß etwas so und nicht anders sein könne, behindert jede Entwicklung. Voreingenommenheiten halten einen zurück. Überhaupt sind unsere Meinungen nicht so sehr geeignet, um unsere spirituelle Entfaltung zu unterstützen. Meinung ist etwas sehr Relatives und ist bestenfalls gut für alltägliche Geschäfte wie Einkäufe im Supermarkt.

Es ist ein harmonisches, eher intuitives Denken, das uns schließlich auch ein harmonisches Körpergefühl schenkt. Was bedeutet überhaupt harmonisches, gesundes Denken?

1. Übernehmen Sie für sich selbst Verantwortung, das heißt für Ihr Denken, Fühlen und Tun.
2. Machen Sie niemandem Vorwürfe, wenn es Ihnen nicht gutgeht, Sie selbst sind für Ihr Wohlergehen verantwortlich.
3. Klammern Sie sich nicht an die Vergangenheit, lassen Sie alle schlechten, aber auch alle schönen Erinnerungen los. «Nicht anhaften» sagen die Buddhisten. Lassen Sie Erinnerungen, Kinder, Menschen und Dinge los. Das bedeutet nicht, die Menschen nicht weiterhin zu lieben. Es heißt nur, ihnen die Freiheit zu geben, die sie für ihre Entwicklung brauchen.
4. Lehnen Sie nichts Unangenehmes ab. Akzeptieren Sie Andersartigkeit im Leben. Geben Sie dem anderen Raum zum Leben, und verurteilen Sie nicht, und grenzen Sie nicht ab.
5. Nehmen Sie nichts, was Ihnen nicht gegeben wird. Eignen Sie sich nichts an, was anderen gehört, weder Dinge noch Menschen.

6. Akzeptieren Sie, daß Sie nicht alles wissen. Wir als Menschen sind alle auf vielen Gebieten unwissend. Bemühen Sie sich dennoch, Ursache und Wirkung von Denken, Fühlen und Tun herauszufinden, und auch das Ziel herauszufinden, warum und wozu etwas geschieht.

Krankheit ist keine Charakterschwäche

Viele Esoteriker glauben wirklich, die Ursache für eine Krankheit sei ein schlechter Charakter. Das ist in vieler Hinsicht irreführend. Ist ein Mensch nicht genug geprüft, wenn er mit einer Krankheit leben muß? Wie viele müssen sich ein Leben lang mit einer chronischen Krankheit abmühen und leben doch so tapfer, daß sie nach Möglichkeit so tun, als ob sie gesund seien, und die meisten Probleme, die ihnen ihre Krankheit bringt, mit sich allein abmachen.

Wenn andere, gesunde Menschen das Urteil fällen, daß der Kranke es nicht anders verdient habe, denn letztlich sei es sein Fehlverhalten, das ihm diese Krankheit eingebracht habe, dann ist das überheblich und ungerecht. Insofern ist es verführerisch für Menschen, die sich moralisch gern über andere erheben, bei einem Kranken moralische Defekte entdecken zu wollen.

Es ist durchaus möglich, daß die Krankheit noch eine Auswirkung aus einem anderen Leben ist, es ist jedoch auch möglich, daß der Kranke in seinem jetzigen Leben schon sehr viele positive Eigenschaften entwickelt hat. Falsche Verhaltens- und Lebensformen können eine krankmachende Wirkung auf den Körper haben. Doch der, der die Wirkungen zu spüren bekommt, ist auf jeden Fall geprüft genug. Wir sollten Mitgefühl und Wohlwollen für jedes fühlende Wesen entwickeln, egal ob es krank oder gesund ist. Leiden tun alle, und diejenigen, die krank sind, empfinden das Leid noch stärker. Gibt es nicht in jedem Leben Krankheiten, durch die wir gehen müssen? Es können körperlich oder seelisch belastende Zustände sein, die wir erfahren und die uns ja auch unsere Schattenseiten und blinden Flecken aufzeigen.

Sorgen wir doch dafür, daß wir in uns selbst Ordnung schaffen und uns nicht moralisch auf einen Sockel stellen und andere für ihre Fehler verurteilen. Wir haben genug mit uns selbst zu tun. Viele greifen schnell zu einem esoterischen Deutungsbuch, wenn sie bei sich Haarausfall entdeckt haben oder ihnen die linke oder rechte Seite sticht. Oder sie hören vom Nachbarn, daß er Gallenschmerzen hat; sofort wird nachgelesen, was er falsch macht und wie er leben sollte und wo seine karmischen Fehler liegen.

Sicher können wir oft von der seelischen Verfassung auf die Disposition des Körpers schließen. Zeitweise ist der Körper widerstandsfähiger, zeitweise anfälliger. Man muß daher nicht immer für alles höchste Geheimwissenschaften bemühen. Es gibt für vieles auch ganz einfache Erklärungen. Wenn sie sehr lange bei nassem Wetter im Freien sind und ihre Füße eiskalt geworden sind, können Menschen mit empfindlichem Ischiasnerv später durchaus Schmerzen spüren. Wir alle wissen auch, daß Grippeviren durch Tröpfcheninfektion übertragen werden. Niest Ihnen ein Grippekranker ins Gesicht und Sie sind etwas erschöpft, so besteht die große Wahrscheinlichkeit, daß Sie die Viren aufnehmen und bald Grippesymptome zeigen werden.

Haben Sie schon festgestellt, daß Ihr Körper Sie irgendwann zur Ruhe zwingt, wenn Sie seine Bedürfnisse nach Ruhepausen ignorieren? Ein Mensch, der ständig an der Grenze zur Überforderung lebt, leidet vielleicht an Migräne. Sobald die Migräne da ist, ist der Kranke zu nichts mehr fähig. Lichtempfindlichkeit, Übelkeit, extreme Schmerzen zwingen ihn zum Rückzug in das dunkle Schlafzimmer. Der Körper hat sich für eine kurze Zeit die Ruhe erzwungen. Geben wir acht auf unseren Körper, denn er gibt uns Zeichen, was er braucht. Wir müssen nur lernen, darauf zu hören.

Ein menschlicher Körper besteht aus Milliarden von Zellen. Jede Zelle besitzt ihre eigene Intelligenz. Unser Körper ist ein

Wunderwerk der Schöpfung. Insofern sollten wir unseren Körper auch pflegen und achten. Wir haben die Aufgabe, sowohl für unser körperliches wie auch für unser geistiges Wohl zu sorgen. Der Körper ist unser Instrument auf Erden.

Haben Sie schon einmal zugeschaut, wie sorgsam ein Geiger mit seinem Instrument umgeht? Er schützt die Geige vor extremen Temperaturen, er stimmt sie sorgfältig; nach dem Spiel schützt er sie und achtet darauf, daß ihr kein Schaden geschieht. Unser Körper ist in gewisser Hinsicht ziemlich robust, aber auch gleichzeitig sehr zerbrechlich.

Wir müssen uns nicht in Watte packen, das täte uns sicher nicht gut. Unser Körper hat es bis ins hohe Alter gern, wenn er trainiert und gefordert wird. Je vielseitiger er gefordert wird, desto frischer bleibt er. Wir können noch im Alter von sechzig Jahren einen zu hohen Blutdruck normalisieren, wenn wir mit Gymnastik oder Fitneßtraining beginnen. Natürlich vorausgesetzt, der Arzt ist einverstanden und hat keine Bedenken bezüglich Ihres Herzens und Ihrer Konstitution. Außerdem sollten Sie gute Anleitungen haben, sonst besteht die Gefahr, daß Sie sich durch falsche Bewegungen schaden können.

Schonen Sie sich jedoch nicht zu sehr. Unser Denken bleibt frisch und beweglich, wenn wir es täglich trainieren. Ebenso stärken sich Muskeln, Knochen und Kreislauf, wenn wir ein- bis zweimal wöchentlich trainieren.

Ewige Jugend gibt es nicht, aber ein vitales, fröhliches Alter können wir uns selbst gestalten. Die Schönheit des Alters liegt in der geistigen Reife, der körperlichen und geistigen Beweglichkeit und der Schönheit der Seele. Jeder Mensch, der sich für etwas begeistern kann, der innerlich zufrieden ist, strahlt diesen Zustand aus. Das ist Schönheit, die von innen kommt.

Ziel eines Kranken sollte
Gesundheit sein

Ziel eines Kranken sollte die Gesundheit sein. Doch es ist möglich, daß der Kranke einige Vorteile aus seiner Krankheit zieht. Er bekommt beispielsweise viel mehr Aufmerksamkeit und Fürsorge, und er muß keine Verantwortung tragen. Er übergibt die Verantwortung, die er für sich tragen sollte, dem Arzt oder dem Partner. So fällt er in einen Zustand des kleinen, hilfsbedürftigen Kindes zurück, und es besteht die Gefahr, daß er das auch noch genießt.

Dieser Patient kann schlechte Laune haben, und die Umwelt wird es ihm leichter verzeihen, als wenn er gesund wäre. «Man muß einen Kranken doch rücksichtsvoll behandeln», so wird es uns beigebracht.

Wie können Angehörige mit dem Kranken richtig umgehen? Sie sollten ihren gesunden Menschenverstand nicht verlieren. Wenn sie erkennen, daß der Kranke die anderen mit seiner Krankheit einschüchtern und unter Druck setzen will, so sollten sie nicht mitspielen. Ich habe einige Fälle in der Praxis erlebt.

Eine Mutter versuchte ihr Kind zu erziehen, indem sie drohte, wenn das Kind nicht täte, was sie wolle, dann würde sie einen Herzinfarkt bekommen. In Streßsituationen faßte sie sich immer wieder an ihr Herz. Eine andere Frau drohte mit Asthmaanfällen, falls ihr Mann sich nicht ihrem Willen unterordnete. Ein Mann drohte mit seiner Migräne, die er schon kommen spürte, wenn seine Angehörigen daheim nicht nach seiner Pfeife tanzten. Eine Mutter wollte ihren erwachsenen Sohn an sich binden. Sie produzierte Symptome, die objektiv jahrelang nicht zu diagnostizieren waren: Herzinfarkt, Lymphdrüsenkrebs, Depressionen. Der Sohn ließ sich nicht auf ihre Spiele ein. Schließlich lebte sie noch einige Jahre recht und schlecht und machte anderen Vorwürfe, daß sie so einsam sei. Leider hatte ihr Körper die jahrelang gehegten dunklen Gedanken und Gefühle verinnerlicht, sie hatte in ihrer letzten Zeit schwer zu leiden.

In all diesen Fällen hatten die Betroffenen nicht Gesundheit zum Ziel, sondern sie wollten Macht über Menschen bekommen, und sei es auf Kosten der eigenen Gesundheit. Allein die Art und Weise, wie diese Menschen dachten, war schon krankhaft.

Wie einsam sind doch Menschen, die nicht lieben können: Sie alle haben große Sehnsucht nach Nähe, Liebe, Zärtlichkeit und Verständnis. Das Problem ist, daß diese Menschen all das von anderen erwarten, aber nicht selbst geben können. Ein solches Verhalten läßt den Menschen immer mehr vereinsamen. Als Ausgleich treten dann Symptome von Krankheiten auf, die zuerst die Aufmerksamkeit des Erkrankten auf sich ziehen. Später versucht er dann, die Aufmerksamkeit seiner Mitmenschen auf sich zu lenken.

Haben wir das Gefühl oder den Eindruck, daß jemand simuliert, werden wir ärgerlich und fühlen uns ausgenutzt. Sicher hat der Erkrankte subjektiv wirklich unter den von ihm angegebenen Symptomen zu leiden. Was hilft es, wenn ihm gesagt wird, alles sei nur halb so schlimm und sowieso bilde er sich das meiste nur ein.

Unter einer Krankheit leidet der Kranke auf jeden Fall, nämlich unter Hypochondrie. Wenn er zum Beispiel Schmerzen im Bauch hat, so sieht er sich vielleicht in seiner Phantasie schon mit Krebs und Metastasen im Endstadium auf der Intensivstation liegen. In Wirklichkeit sind es aber dann nur versetzte Blähungen, und eine Tasse Kümmeltee hilft, den ganzen Spuk aufzulösen. So schlimm das für den Patienten sein mag, so wichtig ist es doch für die Angehörigen, dabei nicht mitzuspielen.

Wie kann eine richtige Einstellung entwickelt werden? Das innere Gefühl von Wohlbefinden sollte gepflegt und gestärkt werden. Es ist eine ganz individuelle Angelegenheit, wie es für jemanden ist, sich wohlzufühlen. Eine ganz wichtige Komponente ist der seelische Zustand, den der Mensch pflegt.

Als meine Mutter im Sterben lag, begleiteten meine Kinder und ich sie während dieser Zeit. Sie lag auf der Intensivstation, als sie einmal ganz wach und bewußt war. Meine Tochter und ich hielten ihre Hände. Sie strahlte und sagte: «Ist doch sehr schön so, es ist doch richtig gemütlich.» Es war ihr im Leben immer wichtig gewesen, daß ein Mensch sich seelisch wohl fühlte. Etwas für das Gemüt zu tun war ihr immer ein Bedürfnis gewesen. Trotz jahrelanger Krankheit wurde sie im Laufe der Zeit ein zunehmend zufriedener und dankbarer Mensch.

Ein Mensch kann ein körperliches Leiden haben, aber in seiner Seele licht- und liebevoll sein. Dieser Mensch ist eigentlich gesünder als ein körperlich gesunder, der in seinem Denken und Tun bösartig ist. «Gesund ist derjenige, dessen Seele von Gott weiß», hat ein Meister gesagt.

Kann man eine Krankheit nicht heilen, dann ist es gut, nicht dagegen anzukämpfen, sondern sie zu akzeptieren. Mit einer guten Gesundheit zu leben ist keine Kunst. Aber sich mit einer Krankheit zu arrangieren verlangt sehr viel mehr von einem Menschen. Sehr viele chronisch Kranke tun nach außen hin, als seien sie gesund. Sie verlangen von sich dieselben Leistungen, die Gesunde erbringen, und laufen dabei oft Gefahr, sich zu überfordern.

Es ist ihre karmische Aufgabe, ihren Körper achten und schätzen zu lernen und aufmerksam zu leben. Aufmerksam, um beizeiten Indispositionen abzufangen, wenn es in ihrer Möglichkeit liegt. So muß der Diabetiker auf seinen Körperzustand achten. Wenn der Zuckerspiegel sinkt, muß er Kohlehydrate zu sich nehmen, um seinen Energiespiegel wieder in einen normalen Zustand zu versetzen. Oder wenn ein Asthmakranker spürt, wie ihm das Atmen immer schwerer fällt, muß er beizeiten sein Asthmaspray einsetzen, um den Krampf seiner Bronchien zu lösen. Wartet er zu lange, besteht die Gefahr, daß er in einen Status asthmaticus fällt, und dann ist ein Krankenhausaufenthalt nicht mehr zu vermeiden.

Chronisch Kranke können sich oft sehr schwer eingestehen, daß sie krank sind. Sehr viele setzen ihre Krankheit mit einem schwachen oder schlechten Charakter gleich. Doch hier sind sie in einem Irrtum gefangen: Jeder Kranke hat eine wunderbare Seele und ist ein Kind Gottes, das sollte keiner vergessen. Niemals kann der Geist eines Menschen von Krankheit befallen werden. Auf einer hohen geistigen Ebene ist das höhere Selbst in enger Verbindung mit dem göttlichen Heilen, dem Heiligen. Für das Alltagsbewußtsein ist das ein unbewußter Vorgang.

Die Krankheit ist für den Kranken eine Lernaufgabe. Er muß sein ganzes Verhalten, sein Denken, sein Verständnis neu gestalten und leben. Das heißt, er muß auch alte Vorstellungen und Meinungen über Bord werfen. Unter Umständen kann das viele Jahre in Anspruch nehmen.

Viele von uns haben einen blinden Fleck. Daher hilft es uns oft in diesem Lernprozeß, wenn wir uns einmal mit den Augen eines anderen sehen. Versuchen Sie es: Wie ist Ihre Körperhaltung, wie atmen Sie, welches Verhalten haben Sie beim Essen? Halten Sie sich gerade?

Ein runder Rücken ist natürlich nicht immer ein Zeichen für einen Menschen, der vor anderen katzbuckelt; Ursache kann auch eine Bindegewebsschwäche sein. Oder es ist ein Zeichen, daß in der Jugend das Knochensystem nicht sehr hart war und die Wirbelsäule sich verformt hat. Eine verbogene Wirbelsäule wird ihrem Besitzer Schmerzen verursachen. Er lernt von allein, auf eine gute Haltung zu achten, denn er spürt, wie eine schlechte Haltung ihm Schmerzen verursacht. Außerdem kann ein Mensch, der sich aufrecht hält, tiefer atmen, er bekommt mehr Sauerstoff in seinen Körper, die Organe werden besser durchblutet, er kann besser denken, da das Gehirn auch mehr Sauerstoff bekommt. Es ist eine Kette von Geschehnissen, in der eines das andere bedingt.

Es kann auch wichtig sein, seine Gewohnheiten zu überprüfen. Für viele Menschen ist der morgendliche Kaffee eine liebe Gewohnheit. Der Kaffee regt an, und vor allem Menschen mit niedrigem Blutdruck fühlen sich nach einer Tasse Kaffee wohl. Manche trinken ihn mit Zucker gesüßt und davon viele Tassen am Tag. Doch eines Tages zeigt der Körper plötzlich verschiedene Symptome: Die Emotionen werden immer unausgeglichener, die Mundwinkel bekommen Risse, die Augen werden empfindlich, Müdigkeit, Schlaflosigkeit und Hautprobleme treten auf. Was ist geschehen?

Der Körper weist einen Mangel an Vitamin-B-Komplexen auf. Der Körper braucht große Mengen der B-Vitamine, um die Röstprodukte des Kaffees abzubauen. Weißer Zucker verlangt ebenfalls übermäßig nach Vitamin B, so daß der Körper schließlich mit mehr oder weniger großen Mangelerscheinungen reagiert.

Gehören Sie zu denjenigen, deren liebste Süßigkeit die Schokolade ist? Vielleicht hat Ihr Körper einen Kalzium- oder Phosphormangel und will diesen Mangel über die Schokolade ausgleichen. Natürlich nimmt er damit auch Fett und Zucker zu sich, was bei den meisten Menschen eine Zunahme des Körpergewichts zur Folge hat. Das in der Schokolade enthaltene Kalzium und der Phosphor können leider nicht von Zucker und Fett isoliert werden.

Jedenfalls verbirgt sich hinter einem Symptom manchmal eine Ursache, die man nicht vermutet. Es ist gut, wenn man lernt, auf seinen Körper zu achten, ohne hysterisch zu werden. Dazu gehört zum Beispiel, daß man etwas über Vitamine und Mineralstoffe weiß, über Mangelerscheinungen, über die Zusammensetzung von Nahrungsmitteln und ihre Wirkung auf den Körper.

Lebenskrisen

Erinnern Sie sich an Ihre Kindheit? Wissen Sie noch, wann Sie eine erste bewußte Krise erlebt hatten? Wenn der Teddy oder die Puppe so alt und abgespielt und häßlich ist, daß die Mutter das Spielzeug eines Tages fortwirft, kann ein kleines Kind seine erste Krise erleben. Vielleicht war es, als Sie sich von Dingen oder Menschen trennen mußten, die Ihnen sehr viel bedeutet haben? Können Sie sich noch an die Tiefs und Hochs erinnern, als Sie in der Pubertät waren? Krisen erleben wir in jedem Alter.

Einem Erstgeborenen wird ein Geschwisterchen geboren. Alle Liebe und Aufmerksamkeit wird ab sofort nur noch dem «süßen Baby» geschenkt, und das ältere Kind erlebt eine schreckliche Krise. Die Pubertät bringt natürlich viele Krisen mit sich. Der junge Mensch ist auf der Suche nach sich selbst. Er identifiziert sich mit Personen, die er bewundert. Er eifert ihnen nach, imitiert sie und ist letztlich doch enttäuscht. Er findet sich zu dick, zu häßlich oder zu dumm und scheut keine Anstrengung, wenigstens äußerlich mehr darzustellen.

Man verliebt sich, entliebt sich, ist enttäuscht, verzweifelt. Alle Gefühle werden bis ins Tiefste erlebt, durchlebt. Die Jugendzeit führt ins sogenannte «Erwachsensein». Was geschieht dann? Partnerkrisen, Berufssuche und -probleme, Gesundheitskrisen kommen auf uns zu. Wir alle erleben es, jeder ist davon mehr oder weniger betroffen. Und plötzlich erwacht man vielleicht zwischen zwei Krisen und bemerkt: «Ich werde alt.» Vielleicht steht der fünfzigste Geburtstag vor der Tür, der auch für viele Menschen ein Anlaß ist, in eine Krise zu fallen.

Vorbei ist die Jugend, die Enkelkinder wachsen schon heran, und man fragt sich: «War das mein Leben? Es ist vergangen, wie ein einziger langer Tag.» Ein bevorstehender fünfzigster Geburtstag markiert für viele einen heiklen Lebensabschnitt. Es bedeutet ein halbes Jahrhundert gelebtes Leben! Viele Menschen sagen sich dann: «Noch einmal so alt werde ich sicher nicht. Das bedeutet, ich habe mehr als die Hälfte meines Lebens schon hinter mir.» Oder sie denken: «So, jetzt beginnt meine zweite Jugend. Jetzt darf ich endlich all das tun, was mir vorher nicht möglich war.»

Die Jugend ist vorbei, auch wenn man über Fünfzig ist und vielleicht nach wie vor gerne Bluejeans trägt und sich gar nicht so alt fühlt, wie man ist. Doch der Zahn der Zeit nagt am Körper, und die Falten sind plötzlich etwas, das das Gesicht interessant macht. Man kommt nämlich nicht mehr dagegen an, also macht man das Beste daraus. Die weißen Haare können nur noch mit Farbe versteckt werden, und beim Tanzen wird man vielleicht etwas kurzatmig, wenn der Rhythmus zu schnell wird. Also eine Krise?

Warum eigentlich? Wir dürfen der Werbung nicht glauben, daß Jugend der einzige erstrebenswerte Zustand ist. Erinnern wir uns, wie es war, als wir zwanzig oder dreißig Jahre alt waren. War das Leben nicht meistens voller Aufregungen?

Menschen über Fünfzig sagen mir in meinen Kursen oft, wie sehr sie es genießen, älter zu sein. Unwichtiges wird nicht mehr überbewertet, und viele kleine Dinge im Leben bereiten einem sehr viel Freude. Es tritt eine Entspannung ein, Gelassenheit tritt an die Stelle von Anspannung.

Ist man in einer Krise, so hat man oft das Gefühl, wie in einer Falle zu sitzen. Man weiß nicht, in welche Richtung man gehen soll, um neue Horizonte zu erreichen. Alles scheint festgefahren, man fühlt sich von Tag zu Tag eingeengter. Das Licht scheint sich mehr und mehr zu verdunkeln.

Wir können eine Krise von den verschiedensten Seiten betrachten. Einmal, von unserem Ego aus gesehen, können wir ein verzweifeltes Klagelied anstimmen, wie schrecklich unser Leben ist. Wir können uns auch ganz still verkriechen und uns selbst leid tun. Wir können natürlich ebenso sagen, daß alles im Leben vorbeigeht, also auch irgendwann diese Krise. Es ist im Moment unangenehm, aber ich weiß, daß alles im Leben dem Wandel unterworfen ist, also werden auch wieder bessere Tage kommen.

Vielleicht nehme ich mir auch Zeit und versuche, alles zu analysieren. Warum ist diese Krise entstanden? Was soll ich daraus lernen? Vielleicht muß ich etwas in meinem Leben ändern, verbessern, damit es mir wieder gutgeht. Schließlich bin ich selbst für mein Wohlergehen verantwortlich.

Geht es mir körperlich nicht gut, so ist es meine Pflicht meinem Körper gegenüber, zum Arzt zu gehen und dafür zu sorgen, daß mein physischer Zustand wieder in Ordnung kommt. Nebenbei bemerkt gibt es depressive Zustände, die durch endokrine Dysfunktionen entstehen. Das heißt, eine hormonale Dysfunktion kann der Grund für eine Depression sein. Deshalb ist es bei langandauernder Niedergeschlagenheit wichtig, zuerst den körperlichen Zustand abklären zu lassen. Wenn ein Arzt herausgefunden hat, daß physisch alles in Ordnung ist, können andere Ursachen gesucht werden, warum man antriebsschwach, lustlos und vielleicht grundlos traurig ist.

Es gibt verschiedene Lebensalter, in denen man Depressionen erleben kann. Lebenskrisen können einem Menschen sehr viel Energie nehmen. Entscheidungssituationen im Leben werden manchmal als so extrem erlebt, daß man glaubt, man könne sich nur für Schwarz oder Weiß entscheiden, entweder für die eine oder für die andere Möglichkeit. So fällt es einem natürlich sehr schwer, eine Entscheidung zu treffen, zumal wenn da immer der Gedanke ist, es müsse die *richtige* Entscheidung sein. Doch man kann weder das eine noch das andere ganz bejahen.

So bleibt man stecken und kommt nicht weiter, jedenfalls nicht im Augenblick.

Ein Mensch ist nicht immer gleichmäßig gestimmt. Stets wird von ihm aber eine gute Leistung verlangt, so denkt er jedenfalls. Wir leben in einer Leistungsgesellschaft. Das heißt, Leistung steht an erster Stelle, vor den Gefühlen und den inneren Werten.

Zu den großen Lebenskrisen kann auch gehören, daß man aus einer schwierigen Situation überhaupt keinen Ausweg sieht und seinem Leben selbst ein Ende setzen will. Eine Frage, die ich an meinen geistigen Führer Hazrat Inayat Khan gestellt habe, lautete: «Wie frei ist ein Mensch, sein Leben selbst zu beenden?»

Hazrat: Ein Mensch ist frei, über seinen Tod zu entscheiden. In gewisser Hinsicht üben starke Raucher oder Alkoholtrinker ja auch Selbstmord aus, allerdings ist es ein Selbstmord auf Zeit. Mit einem Selbstmord löst man seine Probleme nicht. Hat ein Mensch eine unheilbare Krankheit und will nicht leiden, und er begeht Selbstmord, so hat er einen ganzen Prozeß, durch den er hätte gehen sollen, abgekürzt und ihn nicht bis zu Ende erfahren.

Ein Selbstmord kann manchmal eine Erfahrung sein, die ein Mensch machen will. So ein Mensch bringt sich um und weiß dann, daß er seine Probleme noch immer hat, auch wenn er tot ist.

Leben ist manchmal eine Qual, und trotzdem ist es nicht gut, wenn ein Mensch sich umbringt. Er kann gegen die Karmagesetze nichts machen. So ist er mit seinem Karma immer verbunden und muß daran arbeiten, ob er inkarniert ist oder nicht. Viele Probleme lassen sich auf Erden, in einem menschlichen Körper, leichter lösen.

Ein Mensch, der krank ist und zum Beispiel Aids oder Alzheimer hat, ist nicht notwendigerweise dazu verurteilt, mit Körper, Geist und Seele in einen Zustand zu kommen, wo er hilflos der Willkür von Ärzten und Pflegern ausgeliefert ist. Vielleicht verfällt sein Körper, aber sein Bewußtsein kann unabhängig vom Körper existieren. Vielleicht zieht es sich auf eine höhere Ebene zurück. Dann beobachtet der Mensch das Leben auf Erden von einer anderen Ebene aus.

Keiner, der schon einmal einen vollendeten Suizid gemacht hat und wieder inkarniert ist, wird diese Tat wiederholen. Es ist ja kein Zufall, daß ein Mensch eine bestimmte Krankheit hat. Gewisse Eigenschaften, Ansichten, Lebenseinstellungen soll er ändern, weil diese vorher genau so programmiert waren, daß die Krankheit entstehen konnte.

Es ist nicht verboten, Selbstmord zu begehen, aber es bringt demjenigen, der es macht, keinerlei Vorteile, sondern es verlängert nur seinen karmischen Weg. Oft sind auch noch Verwandte und Freunde betroffen, denen man großes Leid zufügt, wenn man freiwillig aus dem Leben geht.

Auch hier können wir sagen, daß die Freunde und Verwandten sich wiederum diese Erfahrung vor ihrer Inkarnation ausgesucht haben. Aber trotzdem ist es nicht heilsam, anderen Leid zuzufügen. Ein Leben ist wirklich kostbar, vom ersten bis zum letzten Atemzug. Und während der ganzen Zeit kann auch immer die Gnade Gottes in jedem Menschen offenbar werden.

Christa: Es gab doch vor einiger Zeit buddhistische Mönche, die sich selbst verbrannten, um auf ein Problem ihres Landes aufmerksam zu machen.

Hazrat: Ja, das war keine sehr kluge Tat. Diese Mönche haben es später, nach ihrem Tod, bereut. Kaum ein Mensch würde Selbstmord begehen, wenn er wüßte, welche Folgen es hat.

Christa: Es gibt doch Menschen, die sich aus Angst vor dem Sterben umbringen.

Hazrat: Das ist wahr und absurd zugleich. Denn das Bewußtsein lebt natürlich weiter, nur der Körper wird abgelegt. Und
der Körper ist ein wichtiges Instrument. Ebensogut hätte Jesus
Selbstmord begehen können, bevor er am Kreuz sterben muß-
te, oder Al Hallaj, der ja ebenfalls gekreuzigt wurde. Es gibt
keinen Heiligen oder Propheten, der sich selbst umgebracht
hätte. Es ist nicht verboten, aber es ist keinesfalls hilfreich und
gut für das Karma. Haben die Menschen in diesem Leben
Selbstmord begangen, so müssen sie in einem nächsten Leben
leiden, unter anderem weil sie zu wenig Lebensenergie zur
Verfügung haben. Sie sind nicht in der Lage, mit voller Lebensenergie umzugehen.

Manche Menschen, die unheilbar erkrankt sind, sagen auch,
daß sie für ihre Angehörigen oder Freunde eine untragbare
Zumutung werden und sie ihnen das ersparen wollen. Diese
Patienten haben nur teil an dem großen Spiel des Lebens.
Geben und Nehmen heißt dieses Spiel, mit immer wechseln-
den Personen.

In einem Leben brauchen die einen Zuwendung und Hilfe,
und andere geben sie ihnen. In einem anderen Leben können
die einmal krank gewesenen Menschen andere Kranke pflegen
und ihnen helfen. Es sind sozusagen immer karmische Fäden,
die Kranke und ihre Helfer miteinander verbinden. Leider ist es
den wenigsten wirklich im Bewußtsein, aber niemand entgeht
seinen karmischen Aufgaben. Immer hat der Mensch eine
Chance, und wenn er sie nicht nutzt, dann kann es lange Zeit
dauern, bis er wieder eine neue bekommt.

Christa: Was kann ein Mensch machen, der lebensmüde ist,
beziehungsweise was können Verwandte und Freunde für ihn
tun, wenn sie die Befürchtung haben, daß Suizidgefahr besteht?

Hazrat: Der Kranke selbst sollte sich jemandem anvertrauen
und über seine Nöte und Ängste sprechen. Dies erleichtert es

oft einem Menschen, wenn er seine tiefsten Nöte jemandem anvertrauen kann, der geduldig zuhören kann, ohne sofort Ratschläge zu geben. Der andere, dem sich der Patient anvertraut hat, kann selbst sicher keine Wunder wirken, aber er sollte mit dem Patienten beten und die Sorgen und Nöte an die geistige Hierarchie weitergeben. Er sollte im Gespräch mit dem Patienten bleiben und ihm auch aus der Ferne gute Gedanken schicken.

Eine Krankheit ist nie die Todesursache, es ist die geistige Einstellung, die dazu führt. Das ist ganz wichtig zu beachten. Das Denken beeinflußt das Leben eines Menschen in vielerlei Hinsicht. Für jeden kann der Zeitpunkt kommen, wo seine Lebensenergie einmal schwach ist. Kann er dann seinen Lebenswillen aktivieren, belebt er damit auch wieder seine Energie und kann dadurch in einen höheren Schwingungszustand gelangen.

Schwingung spielt eine große Rolle im Krankheits- wie im Gesundheitsbereich. Negatives Denken läßt sie langsam und träge werden. Das ist anders, als wenn ein Mensch meditiert und seine Schwingung verfeinert. Wie können wir feststellen, ob eine Schwingung gut ist? Besser sprechen wir davon, ob sie licht oder dicht, leicht oder schwer ist. Eine lichte Schwingung erkennt man an einer Vibration, die so hoch ist, daß sie für den Alltagsmenschen nicht wahrnehmbar ist. Es ist eine Art heiliger Atmosphäre, die spürbar wird.

Es gibt Orte auf unserem Planeten, die zu den heiligen Kraftorten gehören. Die Kathedrale von Chartres ist zum Beispiel so ein Ort. Oder auch der Altar der schwarzen Madonna in Einsiedeln oder die Klause vom heiligen Bruder Klaus in Flüeli/Ranft. An diesen Orten gibt es eine sehr hohe spirituelle Schwingung, die nicht jeder bewußt wahrnehmen kann. Doch die Menschen verhalten sich an diesen Orten anders.

Einige hören die Schwingung wie einen sehr hohen Ton, sie nehmen sie aber eher innerlich wahr. Der Grund, warum in Lourdes immer wieder sogenannte Wunderheilungen geschehen, ist, daß einige Menschen von der dortigen Schwingung völlig durchdrungen und neu gestimmt werden. Diese heilige hohe Atmosphäre wird von den Kranken aufgesaugt. Sie lassen sich davon durchdringen. Damit wird ihr Denken, Fühlen und Wollen völlig neu geordnet, und das hat einen Einfluß auf ihr körperliches Befinden. Wenn ihr Karma es erlaubt, erleben sie eine Heilung. Es ist immer auch Gottes Gnade, die die Heilung bewirkt.

Eine Übung zur Heilung

Lassen Sie sich in einem ruhigen Zimmer nieder. Ein Räucherstäbchen, möglichst Sandelholz, brennt auf dem Tisch. Eine Vase mit frischen Blumen steht ebenfalls darauf und eine brennende Kerze. Kennen Sie eine Musik, durch die Ihre Seele angerührt wird? Spielen Sie sie. Hören Sie die Musik mit Ihrem Herzchakra.

Bevor Sie beginnen, sprechen Sie ein Gebet zu Gott, zu den Heilengeln und zum Heiligen Geist. Bitten Sie um Schutz, Führung und Heilung. Es ist wichtig, daß Sie ganz konzentriert und mit allen Sinnen dabei sind. Richten Sie Ihre Aufmerksamkeit auf die geistigen Ebenen.

Für eine Heilung ist es wichtig, auf eine geistige Ebene zu gehen und die eigene Schwingung so fein wie möglich zu machen. Durch spirituelle Musik können Sie diesen Vorgang unterstützen. Lassen Sie sich emportragen mit der Musik, lassen Sie sich durch Ihre Sehnsucht nach dem Heiligen höher und höher tragen. Sie können für eine Weile Ihren Körper sich selbst überlassen. Die Weisheit Ihres Körpers sorgt dafür, daß alle Funktionen gut weiterlaufen. Jede Zelle Ihres Körpers besitzt die Weisheit, zur rechten Zeit das Richtige zu tun.

Lassen Sie sich emportragen, höher und höher. Es wird immer leichter und lichter um Sie.

Stellen Sie sich einen Heilengel vor, ein Wesen mit einer Ausstrahlung absoluter Liebe. Sie sehen den Engel vor sich stehen. Nehmen Sie seine Schwingung wahr. Wellen der Liebe fließen in Sie hinein. Lenken Sie die Wellen zu den Körperteilen, die krank sind oder Ihnen Probleme machen.

Wenn Sie psychisch leiden, lenken Sie die Schwingung in Ihr Herzchakra und Ihr drittes Auge. Dieser Heil-Meister-Engel kann Sie heilen. Er vermittelt Ihnen das Wissen von dem einen liebenden Gott. Alle Engel stehen in seinem Dienst und in der Hierarchie der Engel, Erzengel, der Meister und Heiligen.

«Gesund ist derjenige, dessen Seele von Gott weiß.» Immer ist Ihre Seele ein Teil Gottes. Es ist seine Liebe, die Sie belebt. Es sind nicht Ihre Gefühle, die Sie fühlen. Es ist Gott in Ihnen, der Anteil hat an Ihren Gefühlen, an Ihren Ängsten, Nöten und Freuden. So erfährt Gott, was das Leben auf Erden bedeutet und was es bedeutet, ein Mensch zu sein.

Meditationsgedanken

Mit jedem Atemzug nehme ich Deine heilende Energie in mich auf.
Jeder Strahl der Sonne heilt mich.
Jeder Windhauch bringt mir neue Kraft.
Die Kraft der Sterne und des Mondes beleben mich.
Vater, Du bist allmächtig und allesdurchdringend.
Segne, behüte und heile mich. Ich danke Dir. Amen.

Meditation

Stellen Sie sich vor, Sie sitzen in einem großen Garten, die Blumen blühen, die Vögel singen, es ist eine sehr harmonische und friedvolle Atmosphäre. Sie sitzen mit vielen anderen Menschen im Gras, und jemand sagt zu Ihnen: «Dieses Treffen ist etwas ganz Besonderes. Ein großer Meister wird zu uns sprechen.»

Für Sie ist es aufregend, denn Sie wissen nicht, wer es sein wird. Ein Mann betritt den Rasen. Sie haben das Gefühl, daß Sie ihn kennen. Sie wissen nicht woher, aber irgendwo haben Sie ihn schon einmal gesehen. Genau in dem Augenblick, in dem Sie das denken, beginnt er zu sprechen. Seine Augen blicken Sie an, und die Tiefe seines Blickes berührt Sie in Ihrem Innern. Für Sie ist dieser Mann ein Botschafter aus spirituellen Ebenen. Ein intensives Schweigen erfüllt die Zuhörer.

Immer mehr Menschen gehen in die Meditation, von außen nach innen. Sie bemerken, wie Sie in einen geistigen Dialog mit diesem Meister treten. Sie können in Gedanken Fragen stellen, und kurz darauf antwortet der Meister Ihnen. Das alles geht ohne Worte vor sich, nur mit der Kraft der Gedanken. Sie werden Antwort bekommen auf Fragen, die Ihnen am Herzen liegen. Die Antworten werden Ihrem Bewußtseinszustand entsprechen.

Diese Begegnung mit einem Meister ist für Sie bewegend. Sie fühlen sich angenommen, ja mehr noch, geliebt, bedingungslos, so wie Sie sind. Schauen Sie zwischendurch auf den Meister. Wie sieht er aus? Oder ist es eine Meisterin? Nehmen Sie so viel wie möglich wahr. Was nehmen Ihre Sinne auf? Was sehen Ihre Augen? Welche Farben sehen Sie? Prägen Sie sich die Gesichtszüge des Meisters ein.

Was hören Sie? Wie spricht der Meister, wie ist seine Stimme? Singen Vögel? Nehmen Sie mit allen Sinnen auf, was Sie aufnehmen können. Dann gehen Sie wieder nach innen. Spüren Sie die große Ruhe, die Sie erfüllt. Nehmen Sie wahr, wie Sie innerlich weit werden, nehmen Sie alle Menschen, Tiere, Pflanzen, den ganzen Planeten Erde in Ihr Herz.

Durchdringen Sie alles mit liebevollem Erbarmen und Wohlwollen. Es gibt nur noch Wesen, die Sehnsucht nach Erlösung haben, die leiden, und Sie können diesen leidenden Wesen Ihre

Liebe geben. Sie spüren das große Einssein mit allen Menschen, mit allen Tieren, mit der ganzen Natur. Bleiben Sie in diesem Zustand. Erfahren Sie ihn bis in die Tiefe Ihres Seins.

Keiner ist allein

Hazrat: Immer wieder hat ein Mensch, der leidet, das Gefühl, von Gott und der Welt verlassen zu sein. Dem ist aber nicht so. Wer weiß schon, wie sehr die unsichtbaren Heiler und Helfer Anteil an dem Geschehen nehmen. Wir kennen jeden einzelnen Menschen mit all seinen seelischen und körperlichen Problemen.

Ich denke immer an alle Unglücklichen in meinen Gebeten. Ich versuche, ihnen soviel wie möglich an Heilung und Linderung zu übermitteln. Es ist eine harte Arbeit, denn jede Krankheit hat mit karmischer Schuld zu tun. In dem Sinne, daß der Erkrankte die Botschaft der Krankheit erkennen muß, was nicht immer einfach ist.

Die karmischen Aufgaben stehen stets an erster Stelle. Der Mensch muß sie verstehen, akzeptieren und eventuell transformieren. Es ist oft keine leichte Aufgabe, sein Karma anzunehmen. Es ist ja nicht so, daß wir generell in diesem Leben die Ursachen für bestimmte Ergebnisse gesetzt haben. Die Ursachen können eine oder mehrere Inkarnationen zurückliegen.

Christa: Wir selbst haben uns weiterentwickelt, unser Bewußtsein ist heute viel weiter und reifer als in früheren Leben. Wir würden mit unserem heutigen Bewußtsein diese schädlichen Ursachen nicht mehr setzen. Und doch kann es sein, daß uns eine Krankheit dazu zwingt, gewohnte Lebensweisen aufzugeben und ein neues Verhalten zu erlernen.

Es ist manchmal erstaunlich, wie sehr sich ein Mensch ändern kann. Ist es nicht so, daß oft erst die Angst zum Auslöser wird? Die Angst vor Siechtum, Herzinfarkt, Schlaganfall oder intensiven Allergien bringt uns dazu, endlich all das aufzugeben, was für uns schädlich ist. Unser Verstand hatte sich unzählige Male zu Wort gemeldet, aber wir wollten ihn nicht hören.

Doch wenn die Angst vor rheumatischen Gelenkschmerzen zu groß wird, dann verzichten wir auf Fleischgenuß, Kaffee und weißen Zucker. Wir lassen sogar die Kuhmilch weg, weil wir außerdem vielleicht noch eine Allergie gegen Milcheiweiße haben. Die Einsichten und auch die Ängste, die in uns aufsteigen, werden uns oft von unsichtbaren Heilern und Helfern eingegeben. Warum? Damit wir in unserer spirituellen Entwicklung Fortschritte machen.

Wie sieht die Betreuung durch die unsichtbaren Helfer aus?

Hazrat: Die Betreuung ist eine Art der Zuwendung auf der geistigen Ebene. Der Helfer nimmt die Seele des Patienten mit hinein in ein Licht-Kraftfeld. Hier ist die Seele geborgen und kann ausruhen. Das ganze geschieht hauptsächlich während des Tiefschlafs des Patienten. Die Helfer zeigen der Seele eventuell auch die Zeitspanne, die der Patient noch zu leiden hat. Jede Seele sehnt sich nach ihrer geistigen Heimat. Für die Seele und das höhere Selbst bedeutet der Tod Befreiung aus irdischer Begrenzung und aus Schmerzen. So gesehen ist ein Anteil eines Patienten immer bereit, in die geistige Welt zu gehen.

Doch davon abgesehen gibt es auch Spontanheilungen. Dann sieht es so aus, als ob eine Heilung ganz plötzlich geschieht. Diese Heilung ist jedoch in der geistigen Welt manchmal schon längere Zeit vorbereitet worden. Es ist nie gut, persönliche Wünsche des Heilers auf Erden mit der Bitte um Heilung für den Patienten zu vermischen. Der absolut reine Wunsch für das Heil- und Wohlsein des Patienten bewirkt am meisten.

Schon immer gab es auch falsche Lehrer – in Indien nennt man einen Lehrer Guru –, die glaubten, die Macht über Leben und Tod läge in ihren Händen. Es ist nicht sehr heilsam, so einem Guru in die Hände zu laufen. Doch da nichts zufällig ist, gehört es zu der karmischen Aufgabe eines Menschen, dem dieses geschieht, daß er durch die Erfahrung mit diesem falschen Guru seine Unterscheidungskraft entwickeln lernt.

Christa: Im Grunde kann jeder für jeden Lehrer sein. Doch den besten Lehrer tragen wir alle in uns: Unser höheres Selbst ist unser bester Freund und Berater. Es ist Gottes Liebe, die wir in uns tragen und die sich als innere Stimme bemerkbar macht. Wir haben ja die Verantwortung für unser Denken, Fühlen und Tun. Kein Guru nimmt uns die Verantwortung ab, er kann es gar nicht, auch wenn er es eventuell behauptet. Aber wir bekommen Unterstützung von unseren geistigen Helfern und Führern, und es ist eine große Hilfe, wenn wir lernen, mit diesen auf irgendeine Weise bewußt in Verbindung zu treten.

Homosexualität

Heutzutage scheint es zur Mode geworden zu sein, in der Öffentlichkeit ein Bekenntnis seiner Sexualität abzulegen, vor allem dann, wenn es sich um Homosexualität handelt. Das wird «Outing» genannt: Man faßt seinen Mut zusammen und bekennt sich vor laufender Kamera zu seinen sexuellen Vorlieben. In früheren Jahrhunderten legten die Menschen religiöse Bekenntnisse ab. In den meisten Ländern ist dies vorbei, es ist out. Heute legt man sexuelle Bekenntnisse ab; das ist in und findet meist im Fernsehen statt.

Christa: Warum ist ein Mensch homosexuell?

Hazrat: Weil er eine große Sehnsucht nach eigener Vollkommenheit hat und diese Vollkommenheit im anderen sucht und zu erkennen glaubt. Der Partner ist wie ein Spiegel, in den der Mensch schaut und in dem er all die Eigenschaften entdeckt, von denen er meint, daß sie ihm fehlen.

Christa: Ist Homosexualität normal?

Hazrat: Für den Homosexuellen ist es durchaus normal. Es gibt im Orient viele junge Männer, die sexuell reif, aber noch nicht verheiratet sind, diese lieben dann Männer. Das ändert sich, wenn sie heiraten. Doch in der Jugend ist der Sexualtrieb so stark, daß sie den Ausweg suchen und gleichgeschlechtlich lieben. Es ist in jedem Land verschieden.

Die Frauen sind in den Familien sehr bewacht und haben wenig Möglichkeiten, einen Partner zu finden. Dafür haben sie sehr innige Freundschaften mit ihresgleichen.

Christa: Sucht man sich die homosexuellen Neigungen vor seiner Inkarnation aus?

Hazrat: Ja, es sind Erfahrungen, die ein Mensch machen will. Jeder macht im Laufe seiner vielen Inkarnationen auch diese Erfahrungen. Ein Mensch geht durch Licht und durch Schatten, ehe er weiß, welches Licht das wahre ist und welchem Licht er nachgehen soll. Manches verspricht höchste Freuden, und als Ergebnis erfährt man Enttäuschung und hat ein ungutes Gefühl. Andere Erfahrungen erscheinen unbedeutend, aber es ist oft etwas sehr Spirituelles, Kostbares, was sich dahinter verbirgt.

Man sollte keinen Menschen für seine ·Neigungen verurteilen. Es gibt viele Homosexuelle, die sehr liebe- und verständnisvoll zu ihrem Partner sind. Vor allem, wenn die Seelenqualitäten mit hineinkommen.

Der Durchschnittsmensch hat sehr oft eine falsche Vorstellung von Homosexuellen. Die Medien stellen meist die pure Sexualität in den Mittelpunkt, sie leben zu einem Teil von der Sensationslust und Neugier ihrer Kunden. Also bringen sie Bilder über ausgefallene Sexualpraktiken, beispielsweise über Sado-Masochismus. Der Betrachter denkt immer häufiger in diesen Kategorien, er verallgemeinert und bekommt dann ein verzerrtes Bild. So haben viele die Klischeevorstellung, daß männliche Homosexuelle am liebsten schwarze Ledersachen tragen, einen kleinen Ohrring im Ohr haben und ihr Haar entweder ganz kurzgeschoren oder lang tragen.

Für weibliche Homosexuelle, lesbische Frauen, schreibt das Klischeedenken Hosen und einen kurzen Herrenhaarschnitt vor. Hat sich einer dieser Klischeedenker schon einmal überlegt, wie die Seele eines Homosexuellen aussieht und welche

Sehnsüchte sie birgt? Es ist soviel Liebe in diesen Menschen, Zärtlichkeit, die sie anderen geben möchten, aber auch Sehnsucht, die sie in sich tragen, nach Nähe und Vertrautheit und der Wunsch, so akzeptiert zu werden, wie sie sind.

Eine lesbische Frau ist keine Frau, die Männer haßt oder sie beseitigen will. Sie fühlt sich einfach wohler und vertrauter mit einer Frau. Für viele Frauen ist eine intime Freundschaft mit einer Frau ein Traum. Einige verwirklichen diesen Traum und bleiben dann dabei, andere träumen noch andere Träume und gehen neue Wege.

Da es auf der geistigen Ebene keine sexuellen Aktivitäten gibt, bietet sich die Erde als Erfahrungsebene für dieses Gebiet an. Kein Mensch sollte sich über einen anderen erheben und meinen, er sei besser. In der Seele tragen alle Menschen das göttliche Licht.

Erbkrankheiten

Christa: Was ist das Wesen von Erbkrankheiten?

Hazrat: Furcht.

Christa: Wo beginnt die Furcht, wer hat sie?

Hazrat: Die Furcht ist durch Generationen von einem zum anderen weitergegeben worden. Sie beginnt in der Vorzeit und zieht sich bis heute durch.

Christa: Was ist das für Furcht?

Hazrat: Es ist die Furcht vor Unbekanntem, es ist die Furcht vor dem eigenen Schatten.

Christa: Was ist deiner Ansicht nach der eigene Schatten?

Hazrat: Es ist der eigene Anteil am kollektiven Bewußtsein mit allen Abgründen. Die Furcht vererbt sich und sitzt in der fein-stofflichen DNS. Sie beeinflußt das Zellwachstum ebenso wie es die Liebe, die Hoffnung und die Freude tun. Furcht bringt Disharmonie in das werdende Leben. Doch du weißt, daß Disharmonie manchmal auch eine wichtige Funktion hat.

Christa: Welche Funktion hat sie denn?

Hazrat: Sie regt an, eine andere Richtung einzuschlagen. So wie ein Mensch aus Furcht vor Krebs das Rauchen aufgeben will, so kann sie zu Disziplin führen, zu Dingen, die heilsam sind. Natürlich ist es viel besser, wenn ein Mensch sich aus Einsicht zu einem guten, gesunden Leben entschließt. Aber manchmal braucht man eben Hilfsmittel.

Die Furcht ist so lange gut, wie ein Mensch seine Vernunft nicht gebraucht. Es ist eine Urfurcht im Menschen, solange er die Erfüllung seines Lebens in äußeren Dingen sucht. Jesus sagte: «In der Welt habt ihr Angst, aber seid getrost, ich habe die Welt überwunden.» Die Welt ist das Äußere, das Weltliche, das vergänglich ist, das hohl ist. Jesus war schon in der geistigen Welt zu Hause und konnte deshalb diesen Ausspruch tun. Wenn ein Mensch den Dharma lebt, so findet er darin Schutz und Halt und seine Heimat. Der Dharma trägt ihn dann.

Christa: Wie beschreibst du Dharma?

Hazrat: Dharma nennen wir die Schöpfungsgesetze, die Naturgesetze, die kosmischen Gesetze. Wirkungen sind Ergebnisse von Ursachen. Wirkungen haben ein Ziel. Ziele führen zu nächsten Zielen. Sieh mal, dies ist eine ziemlich einfache Sache. Ein Mensch ist geistig auf dem Weg und hat eine Krankheit, die es schon bei seinen Vorfahren gab. Durch diese Krankheit hatten sich die Menschen ein bestimmtes Verhalten angewöhnt, verbunden damit waren auch Ängste.

Durch Generationen hindurch werden unter Umständen Anlagen zu dieser Krankheit und die dazugehörigen Ängste vererbt. Je mehr ein Mensch schließlich mit der geistigen Welt vertraut wird, desto eher kann er Emotionen, auch Ängste erkennen und daran arbeiten, sie zu verwandeln. Angst und Furcht können treibende Kräfte sein, um Wichtiges im Leben zu ändern. Es ist eine Frage von Erkenntnis und Einsicht.

Um also noch einmal auf die Furcht zu kommen: Sie ist

sozusagen der karmische Anteil eines Menschen, der ihn zu immer weiterer geistiger Entwicklung treiben kann. Abgesehen davon hat die Furcht auch eine schützende Funktion, die den Menschen vor Gefahren bewahren kann.

Aber im Zusammenhang mit Krankheit ist Furcht ein Gradmesser, wieviel Vertrauen ein Mensch in Gott und höhere geistige Kräfte entwickelt hat. Du kannst es auch Allah oder Christus oder Buddha nennen. Geistige Heilung wird immer Anteile von Angst und Furcht auflösen, sie kann also tiefer wirken als Medikamente, aber sie kann nur im Einklang mit den göttlichen Gesetzen geschehen. Es ist die Gnade, die schweres Karma verwandelt.

Christa: Was können wir selbst tun, um Erbkrankheiten zu überwinden?

Hazrat: Krankheiten haben immer auch einen Sinn. Es ist unklug, gegen eine Krankheit zu kämpfen. Sinnvoller ist es, ihr Wesen zu erfassen und dieses zu transformieren. Außerdem soll der Kranke etwas aus der Krankheit lernen. Er kann sich also fragen, «was will die Krankheit mir sagen, was ist die Botschaft dieser Krankheit?»

Sehr oft ist es nicht leicht, die Botschaft zu deuten. Wir haben alle unsere Licht- und Schattenseiten, und wir haben unsere blinden Flecken. Genau hier liegt nicht selten die Funktion einer Krankheit, nämlich uns unsere blinden Flecken bewußtzumachen. Schonen wir uns, indem wir uns gegenüber unseren Fehlern und Schwächen als blind erweisen und diese nicht wahrhaben wollen, so ist es möglich, daß uns unser Körper irgendwann sagt und zeigt: «So geht es nicht weiter!»

Stelle dir vor, du hast Eltern, die beide eine Erbkrankheit haben. Du suchst dir diese Eltern aus, weil alle Bedingungen für deine Inkarnation stimmen. Glaubst du, du suchst dir nicht auch das physische Erbe aus? Es gehört zu deinem Karma. Eine intelligente Programmierung versetzt dich in die Lage, richtiges Handeln zu lernen, auch unter erschwerten Bedingungen, was eine Krankheit durchaus sein kann.

Erbkrankheiten sind meistens chronisch. Deine Krankheit wird so zu einer Prüfung deines Charakters, deiner Emotionen und Intentionen. Du darfst niemandem für deine Krankheit Schuld geben. Es ist dein Karma, das dir eine Chance bietet, etwas aufzuarbeiten und zu klären. Trenne Karma nicht von den Naturgesetzen. Sie sind Teil des Ganzen. Du bist Teil der Schöpfung und hast somit auch Anteil an den Naturgesetzen. Diese Gesetze sind absolut präzise und gerecht. Ihre Grundgedanken sind Ausgleich, Gerechtigkeit und Harmonie.

Christa: Wie steht es mit Organtransplantationen?

Hazrat: In der Regel ist das nicht erlaubt. Überall da, wo einem frisch Verstorbenen Organe entnommen werden, ist das nicht in Ordnung. Es ist nur erlaubt, einem Lebenden ein Organ zu entnehmen, das dieser entbehren kann, und es einem anderen einzupflanzen. Der Lebende spendet das Organ freiwillig für den Kranken. Der Verstorbene gibt sein Organ nicht unbedingt freiwillig, das ist der Unterschied. Außerdem besteht bei einem frisch Verstorbenen immer die Gefahr, daß er mit seinem Bewußtsein noch in seinem Körper ist, auch wenn das Herz schon aufgehört hat zu schlagen.

Die Heilung einer Krankheit besteht darin, daß der Kranke die Botschaft der Krankheit verstanden hat und sein Denken, Fühlen und Tun dementsprechend geändert hat. Wenn wir von dem Wesen einer Krankheit sprechen, so heißt das, dieses Wesen bis in die feinsten Einzelheiten zu erforschen und diese Qualitäten in sich zu entdecken. Wenn das beispielsweise Angst ist, so kann der Patient mit der ihm innewohnenden Angst arbeiten. Zuerst muß er sie analysieren, dann in sich wahrnehmen, und schließlich kann er sie in eine nächsthöhere Qualität umwandeln.

Heiler und Ärzte betreiben heute allzuoft Symptombekämpfung. Das mag dem Patienten eine momentane Erleichterung verschaffen, birgt aber auch eine Gefahr. Der Patient wird immer passiver, bis er als Eigenleistung schließlich nur noch den Gang zum Arzt macht. «Machen Sie mich wieder gesund» ist dann die Devise. Mit großen Erwartungen an den Arzt bleibt der Patient in einer passiven Haltung und erwartet, wie bei der Erleuchtung, daß alles Heil von außen kommt. In diesem Fall von dem behandelnden Arzt, im anderen Fall von einem Guru. Vom Patienten wird wenig bis keine Eigenleistung erbracht. Wir können uns fragen, wie hier eine echte Heilung von innen, aus sich selbst heraus, geschehen soll.

Insofern ist Krankheit immer karmisch. Lebt ein Mensch lange genug mit falschen Gedanken wie Mißtrauen, Angst, Zweifel, Groll, so hat das letztlich Auswirkungen auf seinen Körper. Er wird krank. Das ist dann kein Zufall und keine Gemeinheit vom lieben Gott, sondern selbst gemachtes Karma.

Christa: Wie kann ein Mensch wieder heil und gesund werden, beziehungsweise wie können wir einem Menschen dabei helfen?

Hazrat: Das ist ein weites Feld. Es gibt viele Arten von Heilungen. Eine Heilweise geht auf die Magier und Schamanen zurück. Schamanen treiben den Geist aus, der die Krankheit verursacht. Sie sind vor allem bei sehr einfachen Menschen erfolgreich.

Ein intellektueller Mensch stellt zu viel in Frage, um sich ungeprüft einer Geisteraustreibung zu unterziehen. Für ihn ist das Studium der Karmagesetze oft hilfreicher. Die meisten Menschen wollen herausfinden, warum etwas existiert, wo die Ursache davon zu finden ist, was etwas bewirkt und was man daraus lernen soll.

Anders sind die kleinen Kinder: Sie wollen nicht wissen, sondern gesund werden. Für Kinder ist eine schwere Krankheit meistens ein Ergebnis aus früheren Leben. So gerne Eltern ihren Kindern das Karma erleichtern möchten, kein Mensch kann einem anderen Karma abnehmen. Aber dem anderen das Leben erleichtern kann man natürlich. Es ist immer das eigene Karma, dessen Folgen man trägt, unter dem man leidet, das man akzeptieren und verwandeln kann und soll. Es ist nicht Gott, der einem Strafen schickt und einen leiden läßt. Es ist die Ernte unserer eigenen Saat, die wir in vergangener Zeit selber säten.

Christa: Welche Wege der Hilfe oder Heilung gibt es? Ist Heilen überhaupt erlaubt, weil man als Heiler doch in einen karmischen Prozeß eingreift?

Hazrat: Heilen ist Teil eines karmischen Geschehens. Ein Mensch, der grundsätzlich vertrauensvoll ist, wird auch in Ärzte und Heiler sein Vertrauen setzen. Durch die ihm entgegengebrachte Sympathie fällt es dem Arzt oder Helfer leichter, mit sich und seinem höheren Selbst in Einklang zu bleiben. So kann er seine Intuition besser zur Heilung einsetzen. Dann bestehen natürlich viel bessere Möglichkeiten der Linderung oder Heilung, als wenn ein Arzt einem Patienten begegnet, der voller Ablehnung und Mißtrauen ist.

Da sich die innere Haltung eines Menschen auch ohne Worte mitteilt, spürt der Behandelnde Ablehnung und Mißtrauen in sich, und nicht immer weiß er sofort, daß diese Gefühle vom Patienten auf ihn projiziert worden sind. So ist eine unnötige Mißstimmung zwischen beiden vorhanden, die eine gute Behandlung beeinträchtigen kann.

Christa: Wenn letztlich die Ursachen von Krankheiten fast immer im mentalen Bereich liegen, nämlich im Denken, sollte man dann nicht mit der Heilung unter anderem auch im Denken ansetzen?

Hazrat: Ja, das ist richtig. Nur ist es nicht einfach, den Prozeß ohne Hilfe von anderen zu durchlaufen. Vergiß nicht, jeder hat einige dunkle Flecken, wo er seine Schwächen und Fehler einfach nicht sehen kann oder will. Darum kann eine gute psychologische Begleitung eine Hilfe sein, vor allem, wenn sie auch spirituell ausgerichtet ist.

Im Grunde ist der alte Begriff «Seelsorger» sehr treffend. Jemand, der sich auch um die Seele des Kranken sorgt, wird diesem helfen können. Mit Liebe und Wohlwollen ist Helfen und Heilen leichter und birgt mehr Möglichkeiten in sich. Jesus hatte diese unendliche Liebe zu allen Wesen, darum konnte er diese großen Heilungen vollbringen.

Christa: Wenn ein Heiler das Wesen der Krankheit erkennt, wie kann er dann weiter vorgehen?

Hazrat: Er sollte den Gegenpol erkennen. Eine Wesenheit ist eine Ansammlung von Energie bestimmter Qualität. Der Heiler kann zum Beispiel in seiner Meditation mit dieser Wesenheit sprechen. Er kann ihr zeigen, daß sie sich verwandeln kann in etwas Heilsames. Dazu muß er sie aber wirklich erkannt und erforscht haben. Er muß um die Qualitäten wissen, die nach einer Transformation entstehen können.

So wird ein Mensch, der sich eingeengt fühlt, versuchen, andere einzuengen und an sich zu binden. Er hat trotz allem sehr wahrscheinlich viel Liebe für seine Mitmenschen, doch er weiß nicht, wie er harmonisch leben kann. Er muß lernen, anderen die Freiheit zu geben, die er selbst braucht. Vielleicht hat er als Kind lange das Gefühl gehabt, eingeengt zu leben. Dieses Gefühl hat sich in ihm als gewohnte, vertraute Empfindung gespeichert. Dabei ist es gleichgültig, ob es ein sogenanntes positives oder negatives Gefühl ist, auf jeden Fall ist es ihm vertraut.

Wird der Mensch später erwachsen, wird er vielleicht andere Menschen einengen, ohne daß es ihm bewußt ist und er es böse meint. Er muß erst selbst Schritt für Schritt lernen, was es bedeutet und wie es sich anfühlt, frei zu sein.

In manchen Völkern werden Krankheiten mit Wesenheiten, Dämonen in Verbindung gebracht. Im tibetischen Buddhismus beispielsweise gab es große Heilige und Lamas, die ungute Wesenheiten zähmten und sie in den Dienst des Dharma stellten. Diese Wesenheiten unterstellten sich freiwillig einer heilsamen Macht, sie verwandelten sich und wurden dadurch erlöst.

Genmanipulation

Christa: Heutzutage beunruhigt es viele Menschen, daß die Genforschung ein immer breiteres Feld einnimmt. Was ist mit der Genmanipulation verbunden? Sind die Ängste der Menschen berechtigt? Welche Folgen können sich aus dem Ganzen für uns ergeben?

Hazrat: Genmanipulation ist nicht mehr aufzuhalten. Die Wissenschaftler sind viel zu neugierig, die Bereiche der Gene zu erforschen, als daß sie jetzt freiwillig aufhören würden mit ihrer Tätigkeit. Genmanipulation ist ein Eingriff in die Weisheit der Schöpfung. Es ist ohne Zweifel für die Forscher höchst interessant, in die Geheimnisse des Lebens tiefer einzudringen.

Aber es ist gefährlich, weil der Mensch nicht die Folgen absehen kann, die daraus entstehen können. Noch vor hundert Jahren hat der Mensch die Eisenbahn für lebensgefährliches Teufelszeug gehalten. Heute sind seine Anschauungen total anders. Einige wenige Menschen protestieren gegen die Genmanipulation, doch andererseits wird der Menschheit so viel Schönes in Aussicht gestellt. Erbkrankheiten wie Diabetes, Krebs, Allergien kann man vielleicht einmal beseitigen.

Das hört sich doch gut an, oder? Aber welchen Einfluß haben vermischte, manipulierte Gene auf die Gene des Menschen, jetzt und in der Zukunft? Es ist ein Spiel mit dem Feuer, das die Wissenschaftler betreiben: Jeden Moment kann ein Flächenbrand entstehen.

Ein manipuliertes Gen hat nicht mehr sein ursprüngliches

Umfeld. Es soll sich kooperativ verhalten und sich in der DNS-Kette harmonisch einordnen. Es kann tatsächlich so aussehen, als ob es das auch tut. Aber eines Tages kann es sich erinnern, wie sein ursprüngliches Umfeld war, und dann beginnt es zu mutieren, weil es dieses Umfeld wiederherstellen will.

Das ist eine Möglichkeit. Die andere ist, daß die neue Genkombination für eine Weile funktioniert, in dem Sinne, wie die Forscher es beabsichtigen. Aber nach genügend langer Zeit entstehen völlig andere Qualitäten, die sich verselbständigen. Sie sind gegen weitere Manipulationen resistent geworden.

Es schadet dem Menschen, wenn er genmanipulierte Lebensmittel zu sich nimmt. Selbst wenn heutzutage im Leben nicht mehr alles ganz natürlich ist, so ist die Genmanipulation noch um einiges unnatürlicher. Jeder Mensch hat seine eigene Genstruktur. Sie ist mit seinem Karma verbunden. Eine Manipulation seiner DNS ist auch karmisch gesehen äußerst bedenklich. Der Mensch wird dann mit neuem Karma überfrachtet.

Der Mensch denkt, daß er alles machen kann. Er hat keine Ehrfurcht vor der Natur und der Schöpfung mehr. In so vieles pfuscht er hinein und kommt sich auch noch groß vor. In der Schöpfung, in den Zellen ist sehr viel Weisheit verborgen. Es genügt ja nicht, daß die einzelne Zelle in sich Intelligenz besitzt. Das Zusammenspiel innerhalb der Schöpfung muß mehr oder weniger harmonisch und gleichzeitig evolutionär sein. Die Schöpfung ist keine abgeschlossene Angelegenheit. Sie entsteht jeden Augenblick neu, mit dem Material der Vergangenheit und einem Ziel in der Zukunft.

Gesundheit wird eines Tages auf dem Planeten Erde ein Fremdwort sein, wenn nicht immer mehr Menschen protestieren und sich weigern, Genmanipulation zu unterstützen. Eßt keine Lebensmittel, die aus Genmanipulation entstanden sind! Jeder kann genügend andere Lebensmittel finden.

Laßt keine Eingriffe in eure DNS vornehmen. Es ist eine Täuschung zu denken, daß damit Krankheiten eliminiert werden. Ganz andere schreckliche Dinge werden statt dessen folgen. Laßt euch nicht moralisch erpressen. Wenn euch vorgeworfen wird, daß ihr altmodisch und rückständig seid, dann seid es, aber behaltet euren gesunden Menschenverstand und eure Unterscheidungskraft.

Fehlgeburt und Abtreibung

Christa: Was geschieht mit einem Wesen, das abgetrieben wird?

Hazrat: Es empfindet große Trauer.

Christa: Weiß es nicht vorher, daß es abgetrieben wird?

Hazrat: Nein, es hofft, am Leben zu bleiben. Für einen Embryo ist es eine große Enttäuschung, wenn er getötet wird. Er empfindet den Schmerz weniger in seinem physischen Körper als in seiner Seele. Seine Seele ist immer voller Vertrauen, daß er geschützt leben darf. Hat der Embryo eine Mißbildung, so hat er sich das karmisch ausgesucht. Es ist nicht in Ordnung, deshalb einen Embryo zu töten.

Christa: Es gibt doch Mütter, die sich mit einem kranken oder mißgestalteten Kind überfordert fühlen. Was ist, wenn diese Frauen abtreiben?

Hazrat: Eine Mutter ist heute wählerisch. Sie will ein gesundes Kind und kann ein krankes nicht ertragen. Doch das Leben ist kein Supermarkt. Wenn eine Frau ein mißgestaltetes Kind abtreibt, dann macht sie sich schuldig und muß dafür karmisch bezahlen. Hat sie es gewollt, und es ist eine natürliche Fehlgeburt, dann empfindet sie Trauer und es ist keine Schuld auf ihr. Für jede Abtreibung bezahlt die Frau mit großem seelischem Leid, das sie irgendwann in ihrem Leben erfährt.

Sieh den Arzt an. Er macht sich mitschuldig. Er darf kein Leben töten. Und doch geschieht im Namen der sogenannten Wissenschaft unendlich viel Leid, und dadurch wird auch schlimmes Karma aufgebaut. In China und Rußland werden fast fertige kleine Menschen umgebracht. Diese Völker laden sich damit großes schweres Karma auf.

Christa: Bei Tieren ist es doch so, wenn eine Tiermutter ein krankes, mißgestaltetes Tier zur Welt bringt, beißt sie es eventuell tot. Menschen tun das ja nicht.

Hazrat: Keine Mutter tötet ihr Kind freiwillig. Es sind dann immer eine große Not und ein innerer Zwang vorhanden, um ein Lebewesen zu töten.

Christa: Die Nazis prägten den Begriff vom «unwerten» Leben. Was sagen die Meister der geistigen Hierarchie dazu?

Hazrat: Es gibt kein unwertes Leben, dieser Begriff entstammt dem menschlichen Denken. Und nicht alles, was ein Mensch denkt, ist wertvoll. Für den Menschen ist es angenehmer, wenn Gesundheit und gute Lebensbedingungen gegeben sind. Aber es ist im Sinne des Dharma, alles so zu akzeptieren, wie es ist. Wenn eine Frau kein Kind haben will, dann soll sie ein Verhütungsmittel nehmen.

Christa: Soll sie die Pille oder Kondome als Verhütungsmittel wählen?

Hazrat: Ja, alles ist erlaubt. Nur einen Fötus oder Embryo abzutreiben ist eine sehr schlimme Tat, für die Frau, den Arzt und den beteiligten Mann.

Christa: Sind die Männer ebenso schuldig, die eine Frau schwängern?

74

Hazrat: Die Männer sind ein Teil des Geschehens. Sie sollten Kondome benutzen, um nicht unfreiwillig eine Frau zu schwängern. Außerdem ist heutzutage ein Kondom fast eine Überlebensfrage. Es ist unglaublich, wie leichtfertig heute junge Menschen mit der Sexualität umgehen. Viele sehen es eher als eine Art Sport an, Sex zu treiben, von echter menschlicher Zuneigung ist wenig übriggeblieben. Viele suchen Lust, ohne Verantwortung zu übernehmen. Doch für alles, was wir im Leben tun, müssen wir uns verantworten.

Hat ein Mensch für sich entschieden, wenig oder gar keinen Sex zu haben, so ist das in Ordnung. Sexualität ist kein Muß im Leben. Es ist vor allem in der Jugend ein sehr starker Trieb, der aber immer noch der Fortpflanzung dient – auch wenn viele das heute nicht mehr hören wollen. Würde Sexualität keine Lust bereiten, würde die Menschheit sich schnell dezimieren.

Fürchten sich die Menschen heute überhaupt noch vor etwas? Weder vor dem Teufel noch vor den Folgen ihres Tuns scheinen die Menschen Angst zu haben. Dabei gibt es keinen Grund, am Teufel zu zweifeln. Das menschliche Handeln ist oft teuflisch, kein Tier würde sich so verhalten. Es ist leider nicht besonders gut, das menschliche Verhalten.

Christa: Wieviel Schuld oder besser Verantwortung tragen die Männer, die Frauen schwängern?

Hazrat: Jeder Mann, der seinen Samen mit einer Frau teilt, ist verantwortlich für die Folgen. Es ist keine Frage des Alters, denn ein Mann ist fähig, Kinder zu zeugen ab etwa sechzehn Jahren bis ins hohe Alter. Es ist wirklich eine Frage der Verantwortung. Das sollten Eltern und Lehrer den jungen Menschen eindeutig klarmachen.

Viele Menschen leben in erster Linie nach ihrem Lustprinzip. Das ist ein Zeichen einer unreifen Geisteshaltung. Die Lust hat ihren Platz im Leben auf Erden, niemand will das bestreiten. Es ist nur die Frage, wie wir damit umgehen. Unsicherheit der inneren Persönlichkeit läßt oft ein gestörtes Gleichgewicht entstehen. Menschen, die innerlich nicht ausgeglichen sind, leben mehr ihre spontanen Lust- oder Unlustgefühle aus.

Ein Mensch kann durch den Alltag und durch die Arbeit Streß erfahren und ist darüber sehr unwillig. Seine Kapazität, Streß auszuhalten, ist begrenzt. So sucht er nach einem Ventil, um den Druck, den ihm der Streß macht, loszuwerden. Frauen geraten in einer solchen Situation vielleicht in einen Kaufrausch. Sie kaufen dann Dinge, die sie eigentlich nicht brauchen. Sie geben Geld aus, welches sie manchmal gar nicht übrig haben. Andere flüchten sich in Eß- und Naschorgien. Sie nehmen als Trost vor allem Süßigkeiten zu sich, wobei sie die Menge, die sie essen, selten richtig einschätzen. Meistens essen sie mehr, als ihnen guttut.

Ja, und dann gibt es viele Männer, die den Sexualverkehr als Entspannung für ihre angestauten Aggressionen und Frustrationen benutzen. Dabei ist es im Grunde gar nicht so wichtig, mit wem sie Verkehr haben. Gerade junge Männer spüren häufig eine innere Unruhe, die sich steigert, einen inneren Druck. Das Ventil ist dann der Sexualverkehr. Sie nehmen dabei wenig Rücksicht auf die Partnerin, diese ist eher ein Mittel zum Zweck.

Erst mit zunehmender Reife kann ein Mensch seine Triebe besser beherrschen. Wenn ein Mensch jung ist, sollte er auf jeden Fall Kondome benutzen, jedenfalls so lange, bis er wirklich ein Kind will.

Die Jugend ist normalerweise genug aufgeklärt, um zu wissen, welche Folgen ihr Tun hat. Die jungen Menschen sollten in ihrem Verantwortungsgefühl ausgebildet werden, dann werden sie sich überlegen, wann sie was tun. Es sind oft die jungen Mädchen, die sich, sozusagen über Nacht, schwanger vorfinden. Das Leid und die Angst sind dann groß. Es ist überhaupt nicht kleinlich oder lieblos, wenn ein Mädchen es ablehnt, ohne Kondom mit ihrem Freund zu schlafen. Im Gegenteil, das

Mädchen zeigt die notwendige Vorsicht. Wohingegen der junge Mann, der ohne Schutz Verkehr haben will, es auch noch als ein Zeichen des Vertrauens und der Liebe von dem Mädchen fordert. Bei diesem Ansinnen ist natürlich sehr viel Egoismus im Spiel.

Geht es um die karmischen Folgen, so kann man sagen, daß jedes Wesen, das abgetrieben wird, auf jeden Fall für den Mann und die Frau eine große seelische Schuldenlast bedeutet. Richtig froh kann ein Mensch nicht werden, der einem werdenden Kind das Leben nimmt.

Christa: Was geschieht mit einem Wesen, das abgetrieben wird?

Hazrat: Es spürt einen tiefen Schmerz in seiner Seele und fällt in eine Art Koma. Daraus kann es lange nicht erwachen. Ein Geistwesen kann es dann lebendig machen, wenn seine Zeit gekommen ist. Ein abgetriebener Fötus ist jedenfalls schlimm dran, er hat eine große karmische Belastung zu tragen. Abgetriebene Föten inkarnieren nie ein zweites Mal bei derselben Mutter.

Christa: Was heißt, «wenn seine Zeit gekommen ist»?

Hazrat: Wenn es wieder leben will.

Christa: Wo halten sich die abgetriebenen Föten auf?

Hazrat: Auf einer Ebene der schlafenden Seelen.

Christa: Wie lange kann ein Fötus im Koma bleiben?

Hazrat: Eine halbe Ewigkeit lang.

Christa: Was ist, für das menschliche Denken, eine halbe Ewigkeit?

Hazrat: Je nachdem bis zu mehreren Jahrhunderten.

Christa: Was geschieht mit einer Fehlgeburt?

Hazrat: Eine Fehlgeburt geht gleich in die geistige Welt ein und wird dort von liebenden Geisthelfern gepflegt. Fehlgeburten sind von der Mutter fast immer gewünscht gewesen. Sie hat eine enge Beziehung zu dem Wesen gehabt. Wichtig ist, daß sie keine Ursache für eine Fehlgeburt gesetzt hat.

Es ist eine Funktion der Weisheit der Natur, daß Wesen, die eine stärkere Störung der Gene haben, von einem gewissen Zeitpunkt an vom Körper der Mutter abgestoßen werden. Das ist eine vernünftige Reaktion der Natur, um fehlerhafte Erbanlagen so klein wie möglich zu halten.

Es gibt euphorische Mütter, die ihren Embryos sehr früh schon einen Namen geben und mit ihnen sprechen. Kommt es zu einer Fehlgeburt, so wird das Wesen sofort von Geisthelfern empfangen. Sie decken einen Schutz über das kleine Wesen, geben ihm Liebe und Geborgenheit. Es wird mit kosmischer Energie ernährt. Für das menschliche Denken ist es so, als ob ein Kind mit Licht statt mit Milch ernährt wird.

Ununterbrochen betreuen die Helfer das Kind. Es wächst schnell heran und lernt gehen und fliegen. Die Kommunikation geschieht immer über Gedankenschwingungen. Das, was gedacht wird, setzt sich als Schwingung fort, und der andere empfängt es. Ein Kind lernt auf der geistigen Ebene sehr schnell.

Christa: Wo wohnen die Kinder?

Hazrat: In Gebäuden aus isoliertem Helium. Diese haben Lichtschranken, die isolieren und schützen. Gruppen mit ähnlicher Schwingung wohnen zusammen. Es ist wie eine kleine Welt für sich.

Christa: Besuchen sich Gruppen oder einzelne Wesen auch?

Hazrat: Ja, das geht gut für eine Weile, aber leben tun sie in Gruppen, in ihrer Heimat.

Christa: Wer gibt der Fehlgeburt einen Namen?

Hazrat: Die Geisthelfer. Sie nehmen immer einen Namen, den die Eltern für das Kind auch gewählt hätten.

Christa: Wie werden Fehlgeburten bei euch genannt?

Hazrat: Je nachdem, Engelchen oder Kindchen. Engelchen sind alte Seelen, Kindchen sind junge.

Christa: Wann ist eine Seele eine alte Seele?

Hazrat: Wenn sie viele Hunderte von Inkarnationen durchlebt hat. Eine junge Seele kann ein oder zwei Inkarnationen durchlebt haben.

Christa: Wie halten die kleinen Wesen Kontakt mit ihren irdischen Eltern?

Hazrat: Die kleinen Wesen werden mit Hilfe von Geisthelfern immer wieder in Kontakt gebracht mit dem höheren Selbst der Eltern. Den Eltern auf der Erde ist das nicht bewußt. Ein kleines Wesen lernt immer sehr schnell und versteht auch sehr schnell. Es braucht keinen Beruf zu erlernen, denn es ist in der Lage, jede Tätigkeit auszuüben, die nötig ist.

Christa: Was machen Heranwachsende in der geistigen Welt?

Hazrat: Sie führen ein glückliches Leben. Sie lernen Liebe, im Handeln und im Fühlen. Sie lernen, Liebe zu leben.

Und sie finden Möglichkeiten, ihren Eltern auf der Erde zu helfen.

Christa: Wie helfen sie denn?

Hazrat: Sie finden unter Umständen Gelegenheit, in das Bewußtsein von Vater oder Mutter zu gehen, um ihnen hilfreiche Gedanken zu vermitteln. Sie kommen auch in die Träume der Eltern, oder sie erscheinen, wenn ein Elternteil meditiert. Es ist eine liebevolle Kommunikation, die auf den feineren Ebenen stattfindet. Der Elternteil, der das erfährt, ist im Innersten berührt.

Christa: Haben eine Mutter und ein Vater karmische Aufgaben, wenn sie ein «nicht normales» Kind bekommen?

Hazrat: Ja, sie haben in diesem Leben die Verantwortung, daß es dem Kind gutgeht und es leben kann. Für das Kind ist es eine leichte Inkarnation, denn es ist nicht in der Lage, selbst Verantwortung zu übernehmen. Es inkarniert für die Eltern, damit diese ihre karmischen Aufgaben erfüllen können.

Ein Kind mit Down-Syndrom ist ein liebevolles Wesen, und fast immer kann es seiner Umwelt Freude machen. Sein Bewußtsein ist in diesem Leben auf einer anderen Ebene geblieben. Für ein Kind mit dieser Behinderung ist es eine Hilfe, wenn die Eltern ihm Geschichten vorlesen, in denen Engel vorkommen. Das Kind kann in seinem höheren Bewußtsein viel aufnehmen.

Im Falle einer körperlichen Behinderung bekommt ein Kind die Geschehnisse in seinem Bewußtsein mit, nur wenn es geistig behindert ist, dann ist es, als ob sein Bewußtsein auf Erden ausgeschaltet wäre.

Christa: Wenn eine Frau schwanger werden möchte, es aber nicht wird, was sollte sie tun?

Hazrat: Sie sollte sich zu einem guten Arzt begeben und abklären lassen, ob sie und ihr Mann körperlich vollständig gesund sind und auf dieser Ebene einer Schwangerschaft nichts im Wege steht. In jedem Fall sind Vorabklärungen wichtig. Dann kann sie sich zum Beispiel homöopathisch behandeln lassen. Ist es nicht klar, ob die Frau überhaupt schwanger werden kann, kann sie unter Umständen auch einen Hormontest machen lassen. Sie kann sich auch in psychologische Behandlung begeben, um die unbewußten Hindernisse herauszufinden, oder sie kann zu einem sehr guten Geistheiler gehen.

Wenn sie viele Jahre ohne Kind bleibt, sollte sie sich ernsthaft überlegen, ein Kind zu adoptieren. Für ein elternloses Kind ist es wunderbar, wenn es ein Heim und liebevolle Eltern bekommt.

Christa: Hilft einer Frau eventuell auch eine Hormonkur, um schwanger zu werden?

Hazrat: Ja, das ist durchaus möglich. Es ist jedoch immer ein ernsthafter Eingriff in die Körperfunktionen.

Christa: Was hältst du von künstlicher Befruchtung?

Hazrat: Das ist nicht natürlich. Ein gesunder Körper sollte auf natürliche Weise schwanger werden. Künstliche Befruchtung ist eine Manipulation der Natur. Es ist karmisch nicht in Ordnung, denn von sich aus würde die Frau nicht schwanger werden.

Christa: Wie ist die Haltung der geistigen Welt zu sogenannten Leihmüttern?

Hazrat: Leihmütter sind Opfer der unfruchtbaren Frauen. Es ist nicht in Ordnung, wenn Frauen ihr Muttersein jemandem leihen, und auch das Karma ihrer Mutterschaft jemandem ohne

81

zwingenden Grund überlassen. Wenn eine Frau ein Kind gebiert, bedeutet das in der Regel auch immer, für das Kind dazusein, Verantwortung zu tragen, ihm Liebe und Geborgenheit zu geben. Eine Frau, die ein Kind durch eine andere austragen läßt, hat den Wunsch, die Rolle einer Mutter zu spielen, obwohl es ihr physisch versagt ist. Sie sollte lieber ein schon geborenes Kind adoptieren.

Christa: Wie steht es mit Müttern, die ihr Kind zur Adoption freigeben?

Hazrat: Das kommt ganz darauf an. Frauen, die in großer Not sind, sei es, daß sie schon viele Kinder haben, oder daß sie zu krank oder zu schwach sind, ihr Kind selbst aufzuziehen, können sich leichter entschließen, ihr Kind wegzugeben. Karmisch gesehen ist es nicht entschuldbar, wenn eine Frau leichtfertig ihr Kind weggibt oder gar verkauft.

Du kannst so eine Situation als große karmische Chance ansehen, um im Leben wichtige Erfahrungen zu machen und zu lernen. Geben Mütter ihre Kinder weg, nehmen sie die Chance nicht wahr. Für Kinder, die ohne ihre Mutter aufwachsen, ist es karmisch besonders schwer. Ihnen fehlt die mütterliche Schwingung, die ihnen in den ersten Jahren Kraft und Schutz gibt.

Vom sechzehnten Lebensjahr an ist ein Kind überhaupt erst in der Lage, ohne Mutter zu leben. Dann ist es noch immer schwer, aber das Kind hat dann meistens genügend eigene Energie und ist auf dem Wege, erwachsen zu werden. Es ist eine dramatische Erfahrung für ein Kind, wenn seine Mutter nicht für es da ist. Sei es, daß die Mutter das Kind weggegeben hat, oder daß sie gestorben ist.

Das Kind lebt ja im Kraftfeld der Mutter, es wächst darin auf, es schwingt mit dem Energiefeld der Mutter. Das Feld des Kindes wird oft durch das Feld der Mutter wieder harmonisiert. Wächst ein Kind ohne Mutter auf, so ist es durch leichteste Störungen zu irritieren. Ein liebevoller Vater kann eine Menge Störungen auffangen. Doch es gibt nicht genügend Väter, die die Mutterrolle voll übernehmen. Für den Vater ist es in der Regel sehr belastend, wenn er die Mutterstelle übernehmen muß, außerdem muß er ja meist noch das Geld zum Leben verdienen.

Christa: Viele Mütter tun heutzutage genau das. Sie ziehen ihre Kinder allein groß und arbeiten auch noch für den Lebensunterhalt. Ist es für sie nicht genauso schwer?

Hazrat: Ja, das stimmt. Aber Mütter haben eine unbeschreibliche Energie zur Verfügung, wenn sie etwas wirklich wollen. Sie haben oft mehr Energie als Männer. Der Mutterinstinkt läßt sie die größten Schwierigkeiten durchstehen und die härtesten Kämpfe gewinnen.

Karma und Heilen

Gehen wir einmal davon aus, daß es keine Zufälle gibt. Gehen wir ferner davon aus, daß auch Krankheiten keine willkürlichen Ereignisse sind. Es sind vielmehr Geschehnisse, die uns etwas sagen wollen, aus denen wir etwas lernen sollen. Dann taucht die Frage auf, inwieweit ein Heilender, egal ob Arzt oder Heiler, Einfluß auf das Karma des Patienten nimmt.

Wenn der Erkrankte zu einem Arzt oder alternativen Heiler oder Geistheiler geht, und er hat die Botschaft seiner Krankheit noch nicht verstanden, kann er dann Heilung bekommen? Verhindert der Heiler womöglich den Erkenntnisprozeß des Erkrankten, indem er dem Patienten Heilung angedeihen läßt, bevor dieser seine Lektion gelernt hat?

Wenn wir bedenken, daß alle Menschen und Begegnungen, alle großen und kleinen Ereignisse, ja sogar unser Denken, Fühlen und natürlich unser Tun, unser Karma ausmachen, dann können wir doch nur akzeptieren, daß auch ein Heiler, sei er Arzt oder nicht, zu dem Karmaprogramm gehört.

Wie oft klagen Menschen über die, wie sie meinen, falsche Behandlung durch ihren Arzt. Jahrelang dauert eine Behandlung, und der Arzt erreicht bestenfalls eine Linderung, aber keine Heilung. Auf der anderen Seite gibt es Menschen, die ihre Ärzte überaus loben, weil sie durch diese sehr schnelle Besserung und Heilung erfahren durften.

Sollen wir hieraus schließen, daß die einen Ärzte unfähig und die anderen genial sind? Das heißt es ganz sicher nicht. Aber der Patient und der Arzt oder Heiler sind ja auch eine karmische Verbindung eingegangen. Es ist durchaus kein Zufall, wer welchen Arzt bekommt oder schon hat. Es ist auch keine Glückssache, ob man geheilt wird oder nicht.

Was manchmal wie Willkür aussieht, mag von höherer Sicht aus karmische Bestimmung sein. Selbst ob ein Mensch seine letzten Tage und Stunden auf einer Intensivstation verbringt oder ob er in einem Einzelzimmer ruhig einschlafen darf, ist kein Zufall.

Sehr oft wird von der geistigen Welt aus Einfluß auf unser Leben genommen. Immer ist das, was geschieht, zu unserem Besten, auch wenn wir es vielleicht nicht so empfinden. Es gibt ein Gesetz von Ursache und Wirkung, und es gibt lange Ketten von Ursachen und Wirkungen, die sich alle gegenseitig bedingen. Es ist nicht eine Frage von Glück, wenn jemand geheilt wird, sondern von Karma. Es zeigt nur Halbwissen an, wenn wir von Karma sprechen und gleichzeitig unangenehme Erfahrungen aus unserem Leben ausklammern wollen. Wir sind nur dann konsequent und ehrlich, wenn wir das Ganze akzeptieren.

Können wir uns vorstellen, daß wir Phänomene des Körpers wahrnehmen, ohne sie zu werten? Daß wir einen Druck im Kopf oder im Magen haben, ohne gleich leise oder laut zu jammern, «Oh, jetzt habe ich wieder meine Kopfschmerzen, meine Magenschmerzen»?

Wir Menschen reflektieren andauernd, im Gegensatz zum Tier. Wir können es so sagen: Der Mensch denkt, und er weiß, daß er denkt. Das Tier denkt, ohne zu wissen, daß es denkt. Auch Tiere erleben Unwohlsein und Krankheit. Doch sie leben anders, und sie erleben das Unwohlsein anders. Sicher kann ein Tier unter Umständen sehr leiden. Wenn es schwerkrank wird, wird es sich recht schonen und mit seinen Kräften haushalten. Es wird nicht unnötig jammern und klagen und sich selbst leid tun.

Ein Tier ist sich instinktiv auch immer seiner gesunden Anteile bewußt, und es wird alles tun oder lassen, um wieder gesund zu werden. Sei es, daß es für Tage fastet, oder nur Gras frißt, sei es, daß es viel schläft oder sich sonst irgendwie speziell verhält. Der Mensch konzentriert sich meist auf seine Leiden, er beobachtet jede Schmerzregung und Veränderung und steigert sich nur zu oft in einen Zustand hinein, der eher krank als gesund ist.

Geht ein Mensch durch Jahre hindurch von einem Arzt zum anderen und wird dennoch weder geheilt, noch erfährt er Linderung, so muß er sich doch fragen, woran das liegen kann. Hat dieser Mensch zum Beispiel Rückenschmerzen und kein Arzt findet etwas, trotz der verschiedensten gründlichen Untersuchungen, und ein Arzt wagt schließlich nach psychischen Problemen zu fragen, so werden die Mehrzahl der Patienten mit folgendem Satz antworten: «Herr Doktor, ich habe es am Rücken und nicht am Kopf.»

Wobei Rückenschmerzen, Kopfschmerzen oder Magenschmerzen häufig nur die Symptome sind für tieferliegende psychische Probleme. Da der Patient ohne Hilfe eines geschulten Therapeuten nicht in der Lage ist, seine Probleme zu analysieren, geschweige denn zu bearbeiten, bringt der Körper des Patienten ein Symptom hervor. Der Patient somatisiert, sagt der Fachmann. Diese körperlichen Symptome können subjektiv äußerst unangenehm sein, steht doch letztlich die Seele dahinter, die nach Hilfe schreit.

Es ist wirklich erstaunlich, daß sich viele Menschen lieber unter das Messer des Chirurgen begeben als auf die Couch eines Psychotherapeuten. Immer wieder lassen sich Menschen an ihrer Bandscheibe operieren, in der Hoffnung, daß nach der Operation ihre Schmerzen weg sind. Doch da die psychischen Probleme dabei nicht angetastet werden, kommen die Schmerzen immer wieder.

Ein hoher Prozentsatz der erkrankten Patienten geht vorzeitig in Ruhestand. Die Kranken leben ein Stück weit mit der Hoffnung auf ihre frühe Berentung. Deshalb müssen sie auch ihre Rückenschmerzen beziehungsweise ihre sonstigen Symptome zumindest bis zu diesem Zeitpunkt behalten.

Insgeheim denken sie vielleicht, daß sie nach Eintritt in das Rentnerdasein wieder gesund werden können. Doch dem ist leider nicht so. Die jahrelangen Schmerzen setzen sich in den feinstofflichen Feldern rund um den Körper ab. Rupert Sheldrake nennt diese Phänomene «die morphogenetischen Felder». Die Schmerzerinnerungen aus diesen Feldern zu befreien und aufzulösen ist eine Aufgabe, die sich Heiler für die Zukunft vornehmen können.

Liebe ist ein Allheilmittel

In einem einzigen Leben kann der Mensch kaum all das lernen, was nötig ist, um ein wirklich befriedigendes gutes Leben zu führen. Das Leben ist ein einziger Lernprozeß von Geburt an, dem sich keiner entziehen kann. Manche lernen schneller, manche langsamer. Es ist die Entwicklung des menschlichen Bewußtseins, die schließlich zu Erkenntnis und Weisheit führt. Solange es Menschen gibt, so lange gibt es auch Kampf und Streit. Woher kommt das? Warum gibt es so unterschiedliche Wesen unter den Menschen?

Wir haben nicht nur ein irdisches, sondern auch ein himmlisches Erbe. Das menschliche Erbgut wird mit dem himmlischen vermischt. Außerdem bringt jeder Mensch noch seine individuellen karmischen Lasten und Aufgaben mit. Wir können uns vorstellen, daß diese Mischung nicht immer sehr harmonisch ist. Völlig gegensätzliche Energien kommen dann in einem einzigen Menschen zum Ausdruck.

Trägt ein Mensch viel Liebe in seinem Herzen, hat er es im Leben leichter. Die Kommunikation mit seiner Umwelt fällt ihm leichter als einem Menschen, der wenig Liebe und Sympathie für andere hat. Eine liebevolle Schwingung wird auch ohne Worte verstanden und von Menschen, Tieren und Pflanzen wahrgenommen. Liebe hilft einem Menschen sein ganzes Leben lang. Er muß nicht einmal sehr klug sein, für sein Leben ist die Liebe wichtiger.

Wie arm sind doch die Menschen, die nicht lieben können. Sie kreisen in ihren Gedanken um ihr eigenes Wohlergehen oder um Politik oder irgendwelche anderen weltlichen Themen. Sie geben viel Energien in unnützes Denken. Sie phantasieren neue Erfindungen herbei, die nie verwirklicht werden, sie zerbrechen sich den Kopf über die Probleme ihrer Mitmenschen und suchen ungefragt Lösungen, die sie dann wieder verwerfen, weil sie überhaupt nicht danach gefragt wurden. Dann beschäftigen sich Menschen auch gerne mit ihrer Selbstverwirklichung oder ihrer Karriere. Das nimmt alles viel Zeit, fast ein ganzes Leben in Anspruch. Und doch leben diese Menschen oft an ihrem Leben vorbei.

Ein Leben ohne Liebe ist ein jämmerliches Leben. In einem solchen Leben ist keine echte Freude. Ein Mensch, der nur bestrebt ist, seine Bedürfnisse und Wünsche zu erfüllen, weiß nicht um die Freude, die es macht, anderen einen Liebesbeweis zu erbringen, ihnen Freude zu schenken.

Andern eine Freude zu machen trägt hundertfach Frucht. Es ist nicht übertrieben zu sagen, daß es die guten Taten sind, die die Welt zusammenhalten. Kann man einen Menschen nicht lieben, sei es, daß er einem selbst oder einem nahestehenden Menschen Unrecht und Leid zugefügt hat, so kann man dennoch einen Weg finden, um innerlich mit ihm Frieden zu schließen.

Gehen Sie im Geist in das Fühlen und Denken des Menschen, der Ihnen Unrecht getan hat. Spüren Sie, was er fühlt. Fühlen Sie seine Ängste, seine geistige Verwirrtheit, seine Einsamkeit, sein Unglücklichsein. Buddha sagte, daß die meisten unguten Taten aus Unwissenheit getan werden. Kein wirklich Wissender wird etwas tun, das einem fühlenden Wesen Schmerz und Leid zufügt. Ein Wissender zu sein bedeutet, wirklich zu wissen, welche Auswirkungen Denken und Tun haben, für das eigene Karma und für die anderen. So betrachtet, sind fast alle Menschen unwissend. Wenn wir Gleiches mit Gleichem vergelten, helfen wir weder dem anderen, noch hilft es uns. Wenn wir statt dessen für den anderen beten und ihn in unser Gebet einschließen, tun wir weit mehr Gutes für beide.

Was hindert einen Menschen daran zu lieben? Oft ist ein verletztes Ego der Grund. Der Mensch sagt: «Ich bin enttäuscht, ausgenutzt und verletzt worden. Ich vertraue niemandem mehr. Ich schenke meine Liebe niemandem mehr. Sie ist einmal mißachtet worden, nun gut, es hat mich schwer gekränkt, aber jetzt ist Schluß. Jetzt denke ich nur noch an mich.»

Dieser Mensch vergißt, daß wahre Liebe keine Bedingungen stellt. «Liebst du mich, dann liebe ich dich» ist wie: Ware für Geld, Geld für Ware. Liebe darf kein Handelsobjekt werden. Ein untreuer Mensch ist nicht in der Liebe. Er will nur seine Wünsche befriedigen, nimmt aber keine Rücksicht auf den Partner. Er ist nicht besorgt, was für Auswirkungen sein Verhalten auf den Partner hat. Das Wort Liebe ist leider sehr abgenutzt und häufig mißbraucht worden. Sagen wir statt Liebe Wohlwollen, dann können viele Menschen mit diesem Begriff mehr anfangen. Liebe ist verwandt mit Treue, Verläßlichkeit, Verantwortlichkeit. Es sagt sich leicht, «Ich liebe dich» ... Doch es zu leben verlangt sehr viel mehr, wie der Sufimeister Dr. Zaharoul aus Ajmir weiß: «Eile nicht durch den Garten der Liebe, es ist das Paradies, welches du selbst erschaffst.»

Die Liebe ist ein großes Geheimnis. Je länger wir uns damit befassen, desto tiefer dringen wir ein. Das Geheimnis hinter dem Geheimnis, die Lotosblume mit den hundert Blütenblättern, unzählig sind ihre Facetten. Das tiefste Geheimnis ist, daß dies alles Aspekte Gottes sind. Wir denken, daß wir es sind, die lieben, doch es ist die göttliche Gegenwart, das göttliche Sein in uns, welches die Liebe durch uns und mit uns erfährt.

Wurden die alten Sufimeister gefragt, warum Gott die Schöpfung hat entstehen lassen, so antworteten sie: «Aus Liebe.» Es gab im Laufe der Geschichte viele Sufimystiker, dazu zählen Dschalaluddin Rumi, Shams Tabriz, Al Hallaj und viele andere. Es sind diese Mystiker, die Gott und seine Gegenwart im eigenen Herzen spürten und dadurch in eine totale Ekstase gerieten. Auch das ist Liebe. Es ist eine geistige Liebe, die eine völlig andere Qualität besitzt als alles, was sich ein Durchschnittsmensch unter Liebe vorstellen kann.

Was beiden vielleicht gemeinsam ist, ist die Fähigkeit, sich vergessen zu können und sich hinzugeben. Der Mystiker erlebt jedoch nur noch Gottes allesdurchdringende Gegenwart, und er vergißt sich selbst völlig. Er gibt sich bedingungslos in Gottes Hände, in seine Liebe. Das bringt eine Transformation des ganzen Wesens mit sich. Der Mensch verbrennt in der Liebe Gottes sein «Ich will, ich bin». Er erfährt die Transformation in ein großes Wir. Er ist nicht mehr getrennt von Gott. Gott ist ihm näher als sein eigenes Blut. Gott durchdringt ihn, sein ganzes Denken und Fühlen. Sein Körper ist zum Tempel Gottes geworden, sein Atem ist der Odem Gottes, und sein Herz ist der Altar Gottes. Aus der Einsamkeit ist Ein-Samen-Heit geworden. Der Same der Liebe Gottes ist im Herzen des Mystikers aufgegangen.

In der Oper *Die Zauberflöte* singt Sarastro: «In diesen heil'gen Hallen kennt man die Rache nicht, und ist ein Mensch gefallen, führt Liebe ihn zur Pflicht. Dann wandelt er an Freundes Hand vergnügt und froh ins bessere Land. In diesen heil'gen Mauern, wo Mensch den Menschen liebt, kann kein Verräter lauern, weil man dem Feind vergibt. Wen solche Lehren nicht erfreu'n, verdienet nicht, ein Mensch zu sein.»

Teil II

Karma und Krankheit

Leberleiden

Das Wort Leber hat im Wortstamm das Wort «Lebe». Der Zustand unserer Leber hängt eng mit unserem Lebensgefühl zusammen. Die Leber ist die größte Drüse und das größte Filterorgan in unserem Körper. Wir haben nur eine Leber, und sie ist ein lebensnotwendiges Organ. Ohne Leber oder mit einer sehr kranken Leber kann ein Mensch nicht überleben.

Die Funktion der Leber ist unter anderem die Umwandlung von Monosacchariden in Glykogen und die Bildung der Gallensäure. Zusätzlich ist die Leber beteiligt an der Entgiftung und Ausscheidung von toxischen Stoffwechselprodukten und Stoffen, welche man aus therapeutischen Gründen aufgenommen hat.

Wenn Sie gerne Wein trinken, haben Sie dann mal nach dem dritten Glas Wein daran gedacht, wie sich Ihre Leber fühlt? Vielleicht müssen Sie auch regelmäßig Medikamente einnehmen, und Ihre Leber hat schon genug zu tun, die giftigen Stoffe aus Ihrem Körper zu filtern. Alkohol belastet die Leber enorm. In kleinen Mengen, etwa ein Glas Wein täglich, kann sie es noch gut verkraften. Wenn jedoch Alkoholmißbrauch getrieben wird, kommt der Tag, an dem die Leber streikt.

Der Arzt stellt vielleicht Leberzirrhose fest. Das bedeutet, die Leber hat sich in ein narbigfestes Bindegewebe verwandelt. Ist dieser Zustand der Leber chronisch geworden, gibt es keine Heilung mehr. Der Patient, der jahrelang den Rausch des Alkohols suchte, leidet dann an Müdigkeit, Übelkeit, Verstopfung, Blähungen, und er verträgt kein Fett mehr. Im ganzen Körper können sich Hämorrhoiden bilden, sowohl am Anus als auch innerlich an der Speiseröhre. Beginnen diese zu bluten, besteht die Gefahr, innerlich zu verbluten.

Wir sollten uns im Leben bewußt werden, wieviel uns der übermäßige Konsum bestimmter Genußgifte wert ist, und ob uns der Preis, den wir mit unserer Gesundheit zahlen, nicht zu hoch ist.

Neben dem Alkoholmißbrauch spielt der Kaffee eine wichtige Rolle. Der Kaffeeverbrauch einzelner Menschen schwankt erheblich. Es gibt Menschen, die eine Zeitlang bis zu zwanzig Tassen Kaffee pro Tag konsumieren. Es ist nicht so sehr das Koffein, was die Leber belastet, sondern die Röstprodukte, die in den Bohnen enthalten sind. Ebenso wie verkohltes Toastbrot und verbrannter Pizzateig schädlich sind, so sind es geröstete Bohnen. Wenn Sie sich etwas Gutes tun wollen, dann halten Sie Ihren Kaffeekonsum so in Grenzen, daß er ein Genuß bleibt, der keine Reue nach sich bringt. Trinken Sie nach dem Kaffee ein Glas Wasser, damit verdünnen Sie das Kaffeegemisch und erleichtern Ihrer Leber die Verarbeitung.

Mit einer Schädigung der Leber gehen auch oft Depressionen einher. Die Leber, die nicht mehr in der Lage ist, alle Giftstoffe zu filtern, läßt einige Gifte im Körper zurück. Diese belasten den gesamten Kreislauf und das Wohlbefinden. Es entsteht ein bedrücktes, müdes, niedergeschlagenes Gefühl, das natürlich auch vom Gemüt empfunden wird. Der Mensch ist dann emotional irritierbar und instabil.

Es gibt kaum einen Leberkranken, der nicht früher oder später seine Hautfarbe ändert, wenn seine Leber nicht behandelt wird. Die Haut schimmert dann gelblich-bräunlich, und auch das Weiß des Augapfels kann sich gelblich verfärben.

Wie können wir die Leber regenerieren? Eine strikte Diät kann bereits eine Stabilisierung der Gesundheit bewirken. Es kann jedoch auch eine Operation notwendig sein, bei der der Chirurg zwei Drittel der Leber entfernt. Falls noch gesundes

Gewebe vorhanden ist, wird dies dazu führen, daß die Leber sich wieder erholt.

Die Diät beginnt mit einer Reinigung des Magen-Darm-Traktes. Ein mildes Abführsalz und ein Darmklistier helfen für den Anfang. Löwenzahntee, Artischocke, Ingwer, Melisse und Ginseng können als Tee zubereitet und täglich getrunken werden. Für eine Zeit besteht absolutes Kaffee- und Schwarztee-verbot. Frischkornbrei aus Dinkel oder Weizen ist gut. Man darf nur sehr wenig Butter zu sich nehmen, und es sollte auf Vollwertbrot geachtet werden. Weißmehlprodukte sollten nur in kleinsten Mengen konsumiert werden.

Rettich, rote Rüben, Möhren und grüner Salat sind leber-pflegend, als Rohkost sehr fein geraspelt oder gedünstet. Kaltgepreßtes Sonnenblumenöl oder Olivenöl, Zitronensaft, Ahornsirup und frische Kräuter sind erlaubt. Kartoffeln, Reis und Nudeln gehören auf die Speisekarte. An Fleisch dürfen nur Kalb, Lamm, Huhn oder Pute genossen werden. Keine Wurst, kein Aufschnitt, statt dessen kann man selbstgedünstetes kaltes Fleisch als Aufschnitt nehmen.

Sehr wenige Produkte aus Kuhmilch sind gestattet, nur Butter und Sahne, diese in kleinsten Mengen. Ziegenkäse und Schafskäse sind bekömmlicher. Haben Sie früher eine Mahlzeit ausgelassen, so achten Sie jetzt darauf, daß Sie lieber öfter, aber weniger essen. Fünf Mahlzeiten dürften ausreichen. Lassen Sie jeglichen Alkohol weg: Wein, Bier, Schnaps und alles andere. Trinken Sie statt dessen Kräutertee, grünen unfermentierten Tee oder Mineralwasser. Gemüsesaft sollte mit Wasser verdünnt werden. Halten Sie die Leberschonkost mindestens zwei Monate durch. In dieser Zeit essen Sie nichts Frittiertes, in Fett Gebratenes oder Geräuchertes. Ihre Leber wird aufatmen, daß Sie etwas Gutes für sie getan haben. Im übrigen gibt es sehr gute Diätbücher über Leberdiäten.

Ein wichtiges Heilmittel dürfen wir nicht vergessen, und das ist die Dankbarkeit und Freude. Es gibt immer einen Grund, dankbar zu sein, und auch Freude kann man lernen. Es sind die kleinen Dinge des täglichen Lebens, die viele als selbstverständlich annehmen, und die es doch nicht sind. Vogelgezwitscher, der erste Schnee, ein blühender Baum, die ersten Blumen im Frühling, die reine gute Luft, die wir manchmal atmen dürfen, daß unsere Augen die schönen Dinge des Lebens sehen können, all das ist doch ein Grund zu Freude und Dankbarkeit.

Lungenkrankheiten

Ist es nicht verwunderlich, daß die Tuberkulose heute auf der Welt wieder im Vormarsch ist? Jahrzehntelang haben die Menschen unter dieser Krankheit gelitten. Dann wurden Penicillin und Antibiotika erfunden, und eine Zeitlang ging die Krankheit zurück. Jetzt sind die Menschen teilweise resistent gegen die Medikamente, und die Tuberkulose breitet sich wieder aus.

Wer Fleisch ißt, nimmt ohnehin mit jeder Mahlzeit eine Menge Antibiotika in seinen Körper auf. Die meisten Nutztiere werden gegen Krankheiten prophylaktisch mit Antibiotika gespritzt. Auch die Ärzte verordnen heute schneller Antibiotika, in Krankenhäusern werden nach Operationen Antibiotika gegeben, um Komplikationen zu vermeiden. Das Ergebnis ist, daß unser Körper nach und nach gegen diese Medikamente resistent wird. So können sie nicht mehr wirken, wenn wirklich eine ernste Gefahr für die Gesundheit besteht.

Tuberkulose ist eine Krankheit, die lange unerkannt im Körper schwelen kann. Wie bei allen Krankheiten ist auch hier die Seele beteiligt. Meistens ist eine körperliche Abwehrschwäche vorhanden, zum anderen ist der Erkrankte in einer Situation, in der er sich seelisch nicht entfalten kann, in der er sich eingeengt fühlt. Oft ist das dem Erkrankten jahrelang nicht bewußt. Er kämpft gegen Hindernisse in seinem Leben an und verbraucht viel Lebensenergie, um den Alltag einigermaßen zu meistern. Bekommt der Patient ein halbes Jahr Urlaub von seinem Alltag und kann in einer gesunden Umgebung, mit schöner Natur in guter Luft leben, so erholt er sich in der Regel schnell.

Gerade im Westen ist es für viele Menschen eine Frage der Erziehung, ihre wahren Gefühle nicht zu zeigen. Die Gefühle der Enge, der Erdrückung werden nach innen genommen und dort unterdrückt und beginnen in den Schwachstellen des Körpers Störungen zu produzieren.

In *Psychosomatische Medizin* schreiben Walter Bräutigam und Paul Christian:

> Die ausdrucksmäßige Bedeutung der Atemgebärde ist in der Umgangssprache vielfach als Thema aufgenommen und in differenzierter Weise beobachtet. Es überwiegen Verbindungen des Atmens mit der Sphäre intensiven Gefühlsbezugs, die mit der Bezeichnung des Atmosphärischen am besten zu fassen ist: Die Luft ist beklemmend, bedrückend, geladen, es ist dicke Luft, so daß es einem den Atem verschlägt und man nicht zu atmen wagt. Man kann den anderen nicht riechen, man glaubt in seiner Nähe zu ersticken, man möchte mit ihm nicht die gleiche Luft atmen.
>
> Man kann sich aber auch von dem anderen in der Atmung distanzieren, indem man ihm etwas «hustet», oder ihn anpfeift. Atmen ist also nicht nur eine physiologische Funktion, die im Interesse der Erhaltung des Organismus gesichert und geregelt ist. Sie ist eine fundamentale Weise des Sich-Verhaltens, sie ist eine Weise des Austausches und Gleichgewichtes zwischen Individuen und Welt.

Je länger ein Zustand der Enge andauert, desto mehr besteht die Gefahr der Somatisierung. Die Zustände der Seele manifestieren sich im Körper. Wie ist es möglich, aus diesem Teufelskreis auszubrechen? Oder, besser gesagt, wie findet der Erkrankte aus sich heraus neue Möglichkeiten und Wege, wieder gesund zu werden? Natürlich ist das möglich. Doch es ist ein langer Weg, der zum Ziel führt. Welches sind die wichtigsten Schritte dahin?

Ein erster Schritt ist, sich seiner Gefühle bewußt zu werden, diese Gefühle wahrzunehmen und sie zuzulassen. Dabei ist es gleichgültig, ob es sich um unangenehme oder angenehme Empfindungen handelt. Wichtig ist es, die Gefühle nicht zu werten. Es gibt weder gute Gefühle noch schlechte, es gibt nur Gefühle. Die Bewertung der Emotionen wird uns anerzogen. Wir müssen dahin zurückkehren, daß wir unsere Gefühle einfach nur wahrnehmen.

Nehmen wir an, Sie spüren Hilflosigkeit in sich. Wie fühlt sich das an? Es ist das Gefühl, klein und ausgeliefert zu sein. Man fühlt sich nicht in der Lage, eine Situation selbst zu bestimmen. Man fühlt sich gehindert zu agieren, selbst nach eigenen Ideen zu bestimmen, wie etwas laufen soll. Man glaubt, man könne nur reagieren. Wenn es uns nicht gelingt, dieses Gefühl einfach wahrzunehmen, durch es hindurchzugehen ohne daran festzuhalten, dann besteht die Gefahr, daß der Körper mit Atemproblemen reagiert.

Eine Lösung findet der Erkrankte,
- wenn er innerlich frei und unabhängig von äußerem Lob oder Tadel wird;
- wenn er sich Luft und Raum zum Leben und Atmen verschafft, selbst wenn ihn der Partner auch noch so bedrängt und ihm seinen eigenen Willen und die eigenen Ideen aufzudrängen versucht. Meinungen und Ideen sind relativ. Eine Meinung kann für den einen stimmen, doch noch lange nicht auch für den anderen. Wichtig ist dabei nur, wie wir mit solchen Unverträglichkeiten umgehen;
- wenn der Erkrankte lernt, mit seiner Wut und seinen Aggressionen konstruktiv umzugehen. Weder hilft es, wenn der Betroffene seine Gefühle unterdrückt und dann implodiert, noch hilft es, wenn er explodiert und mit seiner ungezügelten Wut Schaden anrichtet.

So entsteht die Frage: Wie kann ein Mensch seine Wut angemessen zum Ausdruck bringen? Können Sie einen Wutanfall spielen? Haben Sie das schon einmal probiert? Können Sie einen Theaterdonner aufführen und dabei dennoch innerlich gelassen bleiben? Jeder kleine Anlaß, bei dem man sich ärgert, ist Material zum Üben. Erinnern Sie sich, wie Ihnen einmal jemand eine freche Antwort gegeben hat? Versuchen Sie, in Ihren Körper hineinzufühlen, wo genau Sie eine Reaktion spüren. Im Magen? Oder im Hals?

Stellen Sie sich vor, jemand bringt Sie durch ein paar Worte aus Ihrem Gleichgewicht. Sie ärgern sich, Ihre Nebennieren schütten Adrenalin aus, Ihnen wird es um einige Grad wärmer, Leber und Galle produzieren mehr Gallenstoff, Sie bekommen Bauchschmerzen, Ihr Mund wird trocken, Ihre Gedanken laufen schnell und aggressiv, eine große Unruhe hat Sie ergriffen. Es ist wie bei einem Betriebsunglück in einer chemischen Fabrik; so ähnlich geht es uns und unserem Körper, wenn wir uns ärgern. Wie gehen Sie damit um?

Ursache können beispielsweise Kommunikationsschwierigkeiten sein. Es gibt in der menschlichen Kommunikation immer noch viele Mängel. Wir sagen Dinge, die anders verstanden werden. Wir meinen Dinge, die wir nicht richtig sagen, wir interpretieren Gesagtes auf unsere Art und mißverstehen dabei die Grundaussage. Das, was der andere uns wirklich sagen wollte, geht dabei unter.

Eine Frau sagt zu ihrem Mann: «Mußt du abends immer so lange arbeiten, du bist wirklich ein Workaholic!» Sie meint aber: «Ich wünsche mir von dir, daß du abends für uns Zeit hast, damit wir etwas Schönes zusammen machen können.» Der Mann dagegen hört eher den Vorwurf: «Du bist ein Workaholic».

Eine Mutter schimpft jeden Tag mit ihrem sechzehnjährigen Sohn: «Du bist faul, du lernst nicht genug, du wirst als Hilfsarbeiter enden!» Damit meint sie: «Ich mache mir Sorgen, daß du es im Leben schwer hast, wenn du nur untergeordnete Arbeiten übernimmst. Ich wünsche mir, du würdest mit Elan und Ehrgeiz an eine Berufsausbildung herangehen und im Leben Erfolg haben.» Der Sohn versteht nur: «Du bist faul und dumm und taugst nur zum Hilfsarbeiter.»

Dabei hatte die Mutter etwas ganz anderes sagen wollen. Doch Mißverständnisse beherrschen diese Beziehung im Laufe der Zeit immer mehr, und es besteht die Gefahr, daß sich zwei Menschen auseinanderleben, die doch viele Chancen hätten, in Liebe und Verständnis miteinander zu leben. Es ist gut möglich, daß der Sohn mit einem schwachen Selbstbewußtsein durch das Leben geht.

Alzheimer

Wer kann die Gefühle beschreiben, die nahe Angehörige und Freunde empfinden, wenn ein ihnen lieber Mensch geistig verfällt. Es ist ein schreckliches Gefühl der Hilflosigkeit, zusehen zu müssen, wie der Kranke sein Alltagsbewußtsein abbaut und immer hilfloser wird.

Die Alzheimer-Krankheit wurde nach ihrem Entdecker benannt, dem Neurologen Alois Alzheimer. Er lebte von 1864 bis 1915. Die Symptome erkennt man zu Anfang an leichten Gedächtnisstörungen. Besonders betroffen ist das Kurzzeitgedächtnis. Später treten Unruhe und Orientierungsstörungen auf. Der Kranke leidet unter sehr wechselnden Stimmungen, die sich zwischen Euphorie und Depressionen bewegen können. In früheren Zeiten sprach man bei diesen Symptomen von «seniler Demenz». Bei derselben Symptomatik können heutzutage unter anderem auch das Creuzfeldt-Jakob-Syndrom (Rinderwahnsinn) oder Hirntumore diagnostiziert werden. Betroffen sind prozentual mehr Frauen als Männer, das Ausbruchsalter liegt in der Mehrheit der Fälle zwischen fünfzig und sechzig Jahren.

Wir können uns fragen, ob die Krankheit bestimmte Menschentypen besonders befällt. Es wurde festgestellt, daß Alzheimer-Patienten in ihrem Leben sehr angepaßt gelebt haben, Entscheidungen lange hinausschoben oder überhaupt nicht fällten und dies lieber anderen überließen. Das heißt, diese Menschen haben in ihrem Leben brav ihre Arbeiten und Pflichten erfüllt, doch sie waren wenig flexibel für Veränderungen oder neue Verhaltensweisen. Besonders große Verantwortung in ihrem Leben zu tragen überforderte sie.

Bei Anstrengungen sind die Patienten schnell geistig erschöpft. Lesen oder anspruchsvolle Gespräche werden immer weniger gut vertragen. Dennoch ist es erstaunlich, wie lange die Patienten noch am tagtäglichen Leben teilnehmen können. Jahrelang kann alles relativ gut gehen. Sehr langsam setzen Zeichen der Vergeßlichkeit ein, wobei vor allem das Kurzzeitgedächtnis betroffen ist. Menschen, mit denen die Patienten gerade zusammen waren, Dinge, die sie gerade getan haben, sind plötzlich wie aus dem Gedächtnis gelöscht.

Das ist auch der Grund, warum die Patienten später nicht mehr ohne Aufsicht gelassen werden können. Sie drehen den Wasserhahn an, stecken einen Stöpsel in das Becken und gehen aus dem Bad. Sie haben vergessen, daß das Wasser läuft, und so läuft das Waschbecken über. Oder eine alte Frau setzt einen Topf Wasser auf den Herd und läßt das Wasser verkochen, bis der Topf glüht. Sie hat es in dem Moment vergessen, als sie den Topf aufgesetzt hat.

Was ist nun die karmische Ursache für diese Krankheit?

Die karmische Ursache ist eine Schwäche des Bewußtseins, welches schnell ermüdet und nicht willens ist, Verantwortung für sich oder andere zu übernehmen. In früheren Leben hat der Kranke immer anderen gedient, er hat sich ausnutzen lassen, ohne für sich selbst zu sorgen und für sich einzustehen. Für andere zu sorgen ist nicht die einzige Aufgabe des Menschen. Nicht umsonst heißt es: «Liebe deinen Nächsten, wie dich selbst – oder wie dein Selbst.»

Menschen, die nur für andere da sind, erwarten meistens Dankbarkeit für all die Opfer, die sie für andere bringen. Oft werden sie aber enttäuscht, da sie ihre «guten Taten und Opfer» den anderen aufdrängen.

Für einige Alzheimer-Patienten liegt die Ursache ihrer Krankheit in tieferen Schichten verborgen. In früheren Leben haben sie sich intellektuell über geistig Kranke erhoben und diese wie lästiges Ungeziefer behandelt. Wenn dann diese Krankheit bei ihnen ausbricht, ist der Zeitpunkt gekommen, wo sie ihr Unrecht wiedergutmachen. Sie erfahren am eigenen Leibe, wie hilflos man sich fühlt, wenn Wille und Bewußtsein ihren Dienst versagen.

Ein an Alzheimer Erkrankter ist in jeder Hinsicht geplagt und geprüft. Doch auch die Angehörigen sind sehr gefordert. Sie brauchen unendliche Geduld und Liebe, um das Leben mit dem Patienten einigermaßen gut zu verbringen.

Was lernt der Erkrankte aus seiner Krankheit? In seinem höheren Bewußtsein ist er völlig klar und kann fühlen, wie die Angehörigen, Ärzte und Pfleger mit ihm umgehen. Es hilft ihm beim Übertritt in die geistige Welt, diese karmische Aufgabe erledigt zu haben. Der Erkrankte hat dann gelernt, daß jeder Mensch Würde hat, daß er ein Geschöpf Gottes ist und Liebe und Fürsorge verdient. In seinem höheren Bewußtsein spürt er sehr genau, mit welcher Intention ein Mensch ihm begegnet.

Was können Angehörige für einen Alzheimer-Patienten tun? Das kommt darauf an, wie weit die Krankheit fortgeschritten ist. Wenn sie erst am Anfang steht, können sie jeden Tag mit ihm ein Gedächtnistraining machen und Gespräche mit ihm führen, so daß sein Denken angeregt wird. Immer muß das Training so gestaltet sein, daß der Patient nicht zu sehr überfordert wird und am Ende nicht frustriert ist. Es hilft dem Patienten, wenn er angespornt und gelobt wird. Außerdem sollte er, soweit er dazu in der Lage ist, soviel wie möglich allein machen.

Anstatt den ganzen Tag vor dem Fernseher zu verbringen, braucht der Patient menschliche Nähe und Zuwendung. Musik kann eine gute Wirkung auf die Psyche haben. Die Angehörigen müssen ausprobieren, welche Musik in der Situation am besten ist. Barockmusik wird eine harmonisierende Wirkung haben, ebenso Musik von Mozart und Bach oder auch Gitarren- oder Harfenmusik. Selbst indische Sitarklänge können Balsam für die Seele sein.

Die Angehörigen können gemeinsam mit dem Patienten ein kleines Ritual machen und mit ihm beten. Rituale nimmt der Patient meist willig auf, und wenn dieses Ritual schon zu Beginn der Krankheit eingeübt wird, kann der Kranke es recht lange mitmachen, weil er darauf programmiert ist.

Es könnte beispielsweise ungefähr so ablaufen: Ein Angehöriger stellt eine Kerze auf den Tisch und vielleicht noch eine kleine Vase mit Blumen. Ein bestimmtes Musikstück wird gespielt, zum Beispiel der Kanon von Pachelbel oder Gregorianische Gesänge. Dann liest jemand ein Gebet vor und gemeinsam wird das Vaterunser gesprochen. Man kann gemeinsam für alle Kranken und Leidenden auf der Welt Gottes Hilfe und Beistand erbitten, auch für alle Alzheimer-Kranken und deren Angehörige. Danach kann noch einmal Musik gespielt werden, und mit einem gemeinsamen Amen wird das Ritual beendet.

Meditation für die Angehörigen

Setzen Sie sich ruhig in ein Zimmer, wo sie nicht gestört werden können. Zünden Sie eine Kerze an und nach Belieben ein Räucherstäbchen.

Dann werden Sie ruhig, und Sie atmen mit dem Ausatmen Ihre Sorgen und Ängste und Nöte als graue Wolken aus. Imaginieren Sie eine Sonne in der Mitte, wenn Sie mit anderen im Kreis sitzen, sonst stellen Sie sich die Sonne etwa einen Meter von sich entfernt vor. Atmen Sie alle Sorgen, alle dunklen Wolken in die Sonne hinein.

Nach einer Weile stellen Sie sich vor, daß ein sanfter, warmer Frühlingsregen auf Sie herabrieselt. Das Wasser umspült Sie und nimmt alle Unreinheiten von Ihnen. Symbolisch stellen Sie sich vor, daß das Wasser Sie durchdringt und Sie innerlich heilt, indem es alles aus Ihrem Körper schwemmt, was der Gesundheit abträglich ist. Dieser sanfte Frühlingsregen erweckt Ihre

Lebenskraft und Ihren Willen zur Freude. Denken Sie an die Frühlingsblumen, die nach einem leichten warmen Regen ans Sonnenlicht drängen.

Danach stellen Sie sich die Sonne über Ihrem Kopf vor. Die hellen, warmen Strahlen fließen auf Sie herab. Die Lichtstrahlen umhüllen Sie und nehmen alle Dunkelheit von Ihnen. Mit jedem Einatmen atmen Sie Licht in Ihren Körper. Zuerst füllen Sie Ihren Kopf, Ihr Gehirn, mit Licht. Lassen Sie das Licht durch das Kronenchakra in sich hineinfließen. Bringen Sie es in Ihre Augen, in Ihre Ohren, gehen Sie dann in den Nacken, den Brustraum und schließlich in den ganzen Leib. Füllen Sie Ihre Knochen und Gelenke mit Licht. Baden Sie Ihre Organe in Licht. Sehen Sie innerlich, wie Ihre nun lichterfüllte Leber Ihr Blut filtert und wäscht und es mit vielen Lichtteilchen auffüllt.

Erleuchtetes Blut fließt nun durch Ihren Körper. Gehen Sie nun in Ihr Gefühl. Spüren Sie, wie sich Ihr Herzchakra anfühlt, welche Veränderungen spüren Sie? Empfinden Sie eine Leichtigkeit? Öffnet sich Ihr Herz und spüren Sie, wie Ihre Liebe sich in göttliches, grenzenloses Erbarmen verwandelt? Lassen Sie es auf sich wirken, jeden Tag ein wenig mehr.

Jeden Tag sollten Sie sich mit Ihren geistigen Helfern, den Schutzengeln in Verbindung setzen, aber auch mit dem geistigen Helfer des Patienten. Bitten Sie um Liebe, Kraft und Verständnis, und bitten Sie den geistigen Helfer des Patienten um Mithilfe. Schildern Sie Ihre Nöte und Sorgen, und erbitten Sie seinen Beistand.

Impotenz

Hazrat Inayat Khan: Wann ist ein Mann ein Mann? Viele denken, einer sei dann ein Mann, wenn er fähig ist, ohne Probleme einen möglichst langen Geschlechtsverkehr zu vollziehen. Für die meisten Männer ist es eine Katastrophe, wenn ihr «kleiner Freund» schlappmacht oder schlapp bleibt. Die meisten identifizieren sich mit ihrer Erektion, bleibt sie aus, sind sie Versager. So denken jedenfalls viele. Der Mann möchte der Große, Starke sein, der immer kann, wann er will und was er will.

Ein Mann ist jedoch ein Mensch und keine Maschine. Ein Mensch hat einen Körper, eine Psyche und ist insgesamt ein komplexes Gebilde. Er ist physischen und psychischen Schwankungen unterworfen. Dazu kommen noch altersbedingte Zustände. Das heißt, in der Jugend ist eine größere Triebhaftigkeit vorhanden als in der Lebensmitte oder später im Alter.

Es nützt nicht sehr viel, seine Hoffnung auf sogenannte Wundermittel zu setzen und allerlei potenzverheißende Mittel für teures Geld auszuprobieren. Oft ist eher der Rat eines Psychologen erforderlich, der Licht in das Problem bringen kann. Sexualberatung kann auch Hilfe bringen. Für viele Menschen spielt die Sexualität im Leben nicht mehr eine so bedeutende Rolle, wie es noch vor vierzig Jahren der Fall war. Die sexuelle Lust ist zu Unlust geworden.

Einer der Gründe dafür ist sicher die Enttabuisierung der Sexualität. Die Menschen werden heutzutage überfüttert mit

Sex. Das beginnt mit der Werbung und endet bei den Sexfilmen. Forscher haben herausgefunden, daß Sexfilme auf die Dauer jede natürliche Lust auf Sex abtöten. Was in einer Beziehung oft fehlt, um schönen, erfüllenden Sex zu haben, ist die Erotik.

Für die geistige Welt ist Sexualität nicht existent. Diese ist nur für den Planeten Erde erfunden worden, um die Fortpflanzung zu gewährleisten. Für uns in der geistigen Welt ist es überhaupt nicht zu verstehen, wenn ein Mann auf Erden um stärkere sexuelle Potenz betet. Ein Geistwesen hat in der Regel genügend Energie, um für ganz kurze Zeit in das Bewußtsein eines Menschen zu gehen. Er kann diesen Menschen inspirieren, er nimmt aber auch die Gedanken und Schwingungen desjenigen auf. So erfahren wir unter anderem auch von den Sorgen und Wünschen der Menschen.

Ein Mann, der impotent ist, sollte sich zuerst einmal organisch untersuchen lassen, wenn sein Zustand länger als zwei bis drei Monate andauert. Es sollte von einem Arzt abgeklärt werden, ob ein physischer Hinderungsgrund für den Geschlechtsverkehr besteht. Die Ursachen, die danach erforscht werden können, sind vielfach. Es ist zu überprüfen, ob der Mann überarbeitet ist, einen Mangel an Mineralien und Vitaminen hat, ob er lebensüberdrüssig ist oder ob er vielleicht zuviel Selbstbefriedigung betreibt.

Es ist übrigens ein Trend dieser Zeit, daß die soziale Kontaktfähigkeit verarmt. Dementsprechend nimmt die Einsamkeit zu, und der Weg zur sexuellen Entspannung geht dann über die Selbstbefriedigung. Der Nachteil ist dabei, daß die Menschen, die sich an die schnelle Selbstbefriedigung gewöhnen, kaum noch die Fähigkeiten für partnerschaftlichen Sex mitbringen. Sie müssen es erst wieder lernen, sich auf ein Du einzustellen.

Wenn keine organische Krankheit vorliegt, kann Impotenz ein Zeichen sein, daß sich der Mann eine sexuelle Erholungspause gönnen muß. In der Jugend hat er meistens keine Probleme mit der Potenz. Mit erhöhtem Arbeitsstreß, mit dem Aufbau einer Partnerschaft und Familie kann ein Mann zeitweise energiemäßig überfordert sein. Es wäre grundfalsch, wenn er sich dann mit Medikamenten aufputschen würde, weil ihn dies auf die Dauer nur aus der Balance wirft. Sanfte Stärkungsmittel können natürliche Hilfe bringen. So können Bach-Blüten, Ginsengwurzel oder Gelée royale empfehlenswerte Mittel sein.

Die Menschen sollten verstehen, daß der Körper keine Maschine ist, die auf Knopfdruck funktioniert. Der Mensch ist eine Geist-Seele-Körper-Einheit. Alles, was das Gemüt belastet, hat eine Auswirkung auf den Körper. So kann man an der Körperhaltung eines Menschen erkennen, in welche Richtung seine Gedanken meistens gehen. Vornübergebeugt, den Blick nach unten gesenkt, die Schultern hängend, der Gang zögernd – was meinen Sie, ist dieser Mensch ein fröhlicher, unbefangener? Oder hängt er meist schweren Gedanken nach und ist eher depressiv?

Langanhaltende Depressionen wirken sich auch auf den Körper aus. Er wird dann lustlos. Ist es verwunderlich, wenn ein lustloser Mensch an nichts Freude hat, daß ihm dann auch der Sex keine Freude mehr macht? Sexualität kann schön sein, aber es ist nicht das Wichtigste auf der Welt. Vor allem wenn der Mensch älter wird, hat er noch andere Interessen, die ihn begeistern.

Es ist auch eine Frage der geistigen Entwicklung, wie Menschen ihre Prioritäten setzen. Ein Mensch kann beispielsweise in seinem Denk- und Gefühlsmuster einfach strukturiert sein, sein Trieb wird vom Stammhirn gesteuert, und er ist seinen Trieben ausgeliefert. Ein anderer lebt mehr in seinen Gedanken und ist intellektuell dermaßen übersteuert, daß er seinen Körper kaum wahrnimmt und so auch seine Sexualität keine große Rolle für ihn spielt. Dann kann noch die unbewußte Angst vor Hingabe ein wesentlicher Grund dafür sein, keinen Sexualverkehr zu haben.

Häufig bedeutet Impotenz nur, daß die Körper-Sex-Batterie erschöpft ist. Dann braucht der Körper Erholung und Schonung. Nun gibt es nicht nur physische Ursachen für Impotenz, sondern auch psychische. Im letzten Fall ist es ganz sicher eine gute Möglichkeit, Beratung bei einem Therapeuten einzuholen. Es gibt Therapeuten, die eine spezielle sexualtherapeutische Ausbildung gemacht haben. Sie sind mit dem Thema vertraut und haben auf diesem Gebiet oft genug Erfahrungen, um Lösungen für die verschiedensten Probleme zu finden.

Es kann ein Problem sein, daß die Sexualität in der Ehe langweilig und monoton ist. Es ist sicher keine Lösung, daß man dann den Partner wechselt. Das alte Spiel mit neuen Partnern bleibt nicht lange neu, schon muß wieder ein frischer Partner her. Im Grunde ist das dann sexuelles Konsumverhalten. Dieses Verhalten läuft nur nach dem eigenen Lustprinzip ab und mißbraucht andere für die eigenen Bedürfnisse.

Liebe ist nicht nur ein Wort. Liebe ist ein wunderbares Fundament, auf dem auch die Sexualität gedeihen kann. Liebe ist kein Leistungssport. Liebe blüht auf, wenn seelische Zärtlichkeit zugelassen wird. Es ist für beide Partner eine sehr schöne Erfahrung, Mut zur Zärtlichkeit zu haben, Zärtlichkeit zuzulassen. Zärtlichkeit ist kein Zeichen von Schwäche, sie ist gepaart mit sorgsamer Achtsamkeit. Mit derselben Vorsicht, mit der man eine zarte Blume oder ein junges kleines Tier berührt, sollte man auch mit den Gefühlen des Partners umgehen.

Eine harmonische und verständnisvolle Partnerschaft ist eine gute Basis für gemeinsame liebevolle Erfahrungen. Die Seele läßt sich nicht isolieren. Wenn auf der seelischen Ebene eine Verbindung besteht, die liebevoll ist, dann kann sich auf der körperlichen Ebene eine gute Sexualität entwickeln. Selbst wenn physischer Sex nicht sehr oft praktiziert wird, werden die Menschen dann seelisch erfüllter sein.

Sexualität ohne Zärtlichkeit ist in jeder Hinsicht unwürdig. Die Sexualität wird dann zu einem Kopulationsakt reduziert. Primitive Tiere haben so ein Verhalten. Ein unreifer Mensch hat keinerlei Gedanken im Kopf, ob der Partner überhaupt Sex will und wie er sich dabei oder danach fühlt. Wichtig ist für ihn nur seine eigene Triebbefriedigung. Er ignoriert die Seele und die feinen Gefühle des anderen auf Kosten seiner Befriedigung.

Es gibt nicht wenige Paare, bei denen einer von beiden den Wunsch verspürt, mit dem Partner auf der geistig-seelischen Ebene größere Harmonie zu erleben und mehr Begegnungsmöglichkeiten zu haben. Wer diese Dinge mit seinem Partner erlebt, weiß, wieviel Freude und Erfüllung darin liegt. Doch es ist auch klar, daß einige Arbeit notwendig ist, um diese Wünsche wahr werden zu lassen.

Die Menschen, die sich eine intensivere seelische Verbindung zum Partner wünschen, können nicht einerseits ihr Sexualleben in allen Nuancen ausleben und andererseits ihr Seelenleben kultivieren. Es ist eine einzige Energie, die den Menschen durchfließt, sie kann grob sein und geht über verschiedene Schwingungsformen bis in höchste und feinste Schwingung.

Es ist kein Zufall, daß viele spirituelle Menschen ein Nachlassen ihrer sexuellen Lust bemerken. Nicht für jeden, der in den geistigen Welten zu Hause ist, ist Sexualität besonders attraktiv. Geistige Erfahrungen schenken eine intensive Erfüllung, so legt sich die sexuelle Begierde von allein.

Manchmal wundern wir uns vielleicht, daß ein harmonisches Miteinander im geistigen Bereich nicht mit einer Harmonie im körperlichen Bereich einhergeht. Nun wissen wir heute, daß jeder Mensch drei verschiedene Biorhythmen hat, den Körperrhythmus, den seelischen Rhythmus und den geistigen Rhythmus. Es ist möglich, daß ein Mensch einen anderen Menschen nur auf einer Ebene anspricht. Das heißt, wenn zum Beispiel bei zwei Menschen die Energie der körperlichen Ebene eine hohe Übereinstimmung hat, muß das nicht bedeuten, daß sie auch im Seelischen und Geistigen gut miteinander harmonieren. Andererseits können Paare, die sich seelisch-geistig sehr gut verstehen, einen Mangel an körperlicher Übereinstimmung haben.

Herzleiden

Über Herz und Schmerz sind viele Lieder und Gedichte geschrieben worden. Das Herz ist für die meisten Menschen unter anderem auch der Sitz der Gefühle. Auch die Sprache macht es deutlich: Freudvolle Gefühle lassen das Herz höher schlagen. Schmerz läßt das Herz bluten, Verletzungen lassen das Herz mitunter sogar brechen. «Wo dein Herz ist, da ist dein Schatz», sagt ein Sprichwort. Ja, man kann sein Herz sogar verlieren, oder ein anderer Mensch kann einem das Herz stehlen.

Das Herz ist, so scheint es, ein überaus vielseitiges Organ. Tatsache ist, daß das Herz unseren Körper am Leben erhält und mit großer Präzision unser ganzes Leben lang unseren Körper bis in die feinsten Zellen hinein mit Blut versorgt. Es gibt vielleicht kein Organ, welches so direkt auf unsere Stimmungen reagiert. Das Herz ist wie ein Seismograph unserer seelischen Zustände.

Freude, Aufregung, Ärger, Trauer, Depressionen können die Arbeit des Herzens beeinflussen. Es kann aus dem Rhythmus kommen, stolpern, zu langsam oder zu schnell schlagen. Auch unsere Nahrung und die sogenannten Genußmittel haben einen Einfluß auf das Herz. Der Bluthochdruck oder der niedrige Blutdruck sind manchmal schon durch eine Änderung der Eßgewohnheiten zu beeinflussen oder auch durch Entspannungstechniken, beispielsweise Autogenes Training.

Ruhen wir in unserer Mitte, geht es unserem Herzen gut. Denken wir liebevolle Gedanken, hat unser Herz Freude, es kann sich dann von Alltagsstreß erholen und seinen ihm eigenen Rhythmus wiederfinden. Können Sie sich jemanden vorstellen, der mit dem Herzen denkt oder sieht? Wer mit dem Herzen sieht, sieht mit den Augen der Liebe. Und wer mit den Augen der Liebe sieht, der denkt auch mit dem Herzen.

Wie können wir unseren Weg des Herzens finden? Wenn wir Weisheit und Liebe kombinieren, heilen wir unser Herz und die Herzen vieler anderer Menschen. Das beste Heilmittel gegen Haß und Neid ist die Liebe. Aus der Liebe entwickelt sich Verständnis, und wir können folglich ganz anders mit unseren Mitmenschen umgehen. Wir lehnen sie nicht mehr ab, wir nehmen sie an, so wie sie sind.

Viele Menschen leiden unter Hypertonie, Bluthochdruck, und merken es am Anfang nicht. Jahrelang kann eine Hypertonie unentdeckt bleiben, weil der Körper lange Zeit keine spürbaren Symptome zeigt. Entweder wird die Hypertonie bei einer Untersuchung festgestellt, oder der Patient hat eines Tages doch Herzbeschwerden oder Kopfschmerzen oder andere Symptome. Der Arzt stellt einen zu hohen Blutdruck fest. Er wird wahrscheinlich salzarme Kost verordnen und wahrscheinlich auch zu weniger Konsum von tierischem Eiweiß raten.

Was jedoch genauso wichtig wie eine Diät ist, das ist die seelische Haltung. Menschen, die beispielsweise in einer ständigen Erwartungshaltung leben, stehen andauernd unter Spannungen. Wut, Ärger und Angst sind ebenfalls Faktoren, die bei längerem Anhalten der Zustände den Blutdruck erhöhen können. Menschen, die ein sogenanntes Helfersyndrom haben, sind ständig aufmerksam, wo sie ihre Hilfe einsetzen können. Wenn man von sich immer Höchstleistungen verlangt und glaubt, sich weder Fehler erlauben zu dürfen noch Ruhepausen leisten zu können, läuft man Gefahr, sich eine Hypertonie einzuhandeln.

Aus einer gewissenhaften und übertrieben leistungsbetonten Haltung heraus kann ein verstärktes Gefühl von Ärger, Groll und Aggression entstehen. Im Körper stellt sich ein chronischer

Spannungszustand ein, dieser bringt wiederum Bluthochdruck mit sich. Die Diskrepanz zwischen Wollen und Tun bringt Spannungen in das Herz-Kreislauf-System. Energien wie Ärger und Aggressionen werden nicht ausgelebt sondern im Inneren zurückgehalten. So entsteht ein Teufelskreis, der den Blutdruck immer höher treibt.

Ebenso ergeht es Menschen, die auf erhöhten Arbeitsanfall mit erhöhter Leistung reagieren. Auch hier treibt sich der Mensch innerlich immer mehr an. Geht der Mensch statt dessen zügig für ein bis zwei Stunden spazieren, wenn möglich in schöner Natur, so kann er einen guten Teil seiner gestauten Energien loswerden. Für viele Hypertoniker ist aber ärztliche Hilfe ebenso notwendig wie psychologische, um eine andere Sichtweise und ein neues Verhalten zu lernen.

Leidet ein Herzkranker schon viele Jahre an allen möglichen Ängsten, so wird, wenn er sich nicht psychotherapeutische Hilfe sucht, sein Herz möglicherweise eines Tages mit Herzenge reagieren. Der Arzt diagnostiziert dann «Angina pectoris». Es ist kein schönes Gefühl, wenn das eigene Herz einem Angst macht. Sei es, daß es unregelmäßig schlägt oder ein Gefühl der Beklemmung und Enge erzeugt, oder sei es, daß sogar extreme Schmerzen auftreten.

Am Anfang können das sogenannte Herzneurosen sein, bei denen das Herz objektiv gesund ist, obwohl der Patient bei sich bestimmte Symptome feststellt. Diese können aus bewußten oder unbewußten Ängsten entstehen. Hier kann der Arzt oft keine krankhaften physischen Veränderungen feststellen.

Ein geiziger Mensch steht ständig unter dem Streß, daß er sein Vermögen behält und vermehrt. Sein Herz reagiert darauf. Menschen, die es nicht gelernt haben, ihre Gefühle und Wünsche in Worte zu fassen, werden herzkrank, wenn sie durch lange Zeit Kränkungen und Verletzungen ihrer Mitmenschen ausgesetzt sind. In ihnen sammeln sich Groll und Aggressionen an, die sie selten oder nie zeigen. Dies meist, weil sie mit dem Ideal erzogen wurden, nicht aggressiv zu sein. Es kann auch sein, daß sie schon sehr früh erfahren haben, daß sie sich die Sympathien ihrer Mitmenschen verscherzen, wenn sie ihre Gefühle offen zeigen.

Das ist natürlich ein echtes Dilemma. Wie kann ein emotional heftiger Mensch gesund bleiben, ohne die anderen durch seine Wutausbrüche zu verletzen? Es gibt auch für diese Menschen genug Möglichkeiten, ihre Emotionen wieder zu harmonisieren. Sie können zum Beispiel ihre Wünsche aufschreiben und den Zettel ihrem Partner geben oder einfach nur für sich behalten. Sie können auch eine Art Kummerkasten einrichten, der ihnen die Möglichkeit gibt, in der Familie oder Partnerschaft ihre Beschwerden frei heraus aufzuschreiben. Man kann dann gemeinsam daran arbeiten, indem man sich zu gewissen vereinbarten Zeiten zusammensetzt und über die Probleme spricht. Sie können ebenfalls ein Tagebuch schreiben, was nachweislich einen therapeutischen Effekt hat.

Manchmal kann es auch hilfreich sein, Hilfe von Personen in Anspruch zu nehmen, die mehr Abstand zu dem Problem haben als man selbst. Psychotherapeuten oder gute Freunde können dann als Dolmetscher fungieren. Oftmals haben sich zwischen Menschen, die eng zusammenleben, bestimmte Kommunikationsmuster gebildet, die nicht immer für eine optimale Verständigung sorgen. Hier kann ein psychologisch geschulter Mensch, aber auch ein Mensch mit gesundem Menschenverstand und Wohlwollen gut helfen.

Kranke Menschen haben oft die Befürchtung, daß ihr Herz so schwach wäre, daß es plötzlich stehenbleibt. Sie beobachten zu oft ihren Herzschlag und verkrampfen sich bei kleinsten Anstrengungen, so daß der Herzschlag sich ändert, was dann aber völlig normal ist.

Wenn uns unser physisches Herz soviel Probleme machen kann, gibt es dann nicht auch einen Weg, um diese Probleme zu lösen? Gibt es vielleicht eine Lösung auf einer anderen Ebene?

Viele Mystiker sprechen vom «mystischen Herzen». Gemeint

ist das geistige Herz. Ist nicht das geistige Herz die Quelle, aus der Heilung kommen kann? Das geistige Herz ist ein Geheimnis. Ein Mystiker ist von der Existenz des spirituellen Herzens überzeugt, während ein Alltagsmensch seine Zweifel hat und Gedanken daran als Spinnerei abtut. Können wir denn die Existenz des spirituellen Herzens allen beweisen? Wir können eine Erkenntnis nur demjenigen übermitteln, der dafür offen ist und die nötige Reife hat.

Es ist nicht möglich, einem Tauben Musik zu erklären oder einem Blinden Farbe. Bestimmte Empfangskanäle müssen für die Botschaft offen sein. In diesem Fall ist es der «spirituelle Kanal». Eilen wir durch das Leben, kennen wir keine Muße, geben wir unseren Impulsen immer sofort nach, so wird es uns schwerfallen, unser mystisches Herz zu entdecken. Welche Emotionen, außer unserer Ungeduld, könnten uns noch hindern, unser spirituelles Herz zu entdecken und zu entwickeln?

Jeder Mensch erfährt in seinem Leben Verletzungen und Beleidigungen. Im Grunde trägt jeder von uns Wunden und Narben in seinem Herzen. Wir nehmen uns ja auch vieles «zu Herzen». Liebloses Verhalten uns gegenüber, Beleidigungen, Kränkungen. Wir tragen diesen Schmerz oft ein ganzes Leben lang mit uns herum. Wie soll sich unser Herz von all dem erholen? Groll kann unser Herz verdunkeln.

Erst wenn wir den anderen, die uns all das angetan haben, vergeben, kann sich unser Herz erholen, kann es wieder heilen. Wenn Sie ganz ehrlich sagen können: «Ich verzeihe, ich vergebe», dann bereiten Sie Ihr Herz darauf vor, eine Sonne voller Licht und Liebe zu werden. Solange Groll im Herzen wohnt, hat das Licht nicht genügend Raum und Strahlkraft. Wenn wir auf die göttliche Liebe vertrauen, können wir allen Groll loslassen. Die Gesetze des Lebens, von den Buddhisten Dharma genannt, gelten für alle. Unabhängig davon, ob wir einem anderen Schuld nachtragen oder ihm verzeihen, wird derjenige, der uns Leid zugefügt hat, die leidvollen Resultate seines Tuns erfahren.

Jeder erlebt das Ergebnis seines Tuns irgendwann in diesem oder in einem nächsten Leben. Insofern ist es für uns nur heilsam, wenn wir verzeihen können. Heißt es nicht im Vaterunser: «...und vergib uns unsere Schuld, wie wir vergeben unseren Schuldigern...». Hier wird uns gesagt: «In dem Maße, wie wir verzeihen können, wird uns vergeben werden.»

Für den Mystiker ist das Herz der Altar Gottes. Das bedeutet, der Mystiker schenkt seine ganze Liebe Gott allein. Gott erscheint ihm in der gesamten Schöpfung. In der Natur, in einer Blume, in einem Tier und natürlich in den Menschen erkennt der Mystiker die Gegenwart des Geliebten. Er kann nicht anders, als angerührt zu sein in der Tiefe seines Herzens.

Ist sein Herz erwacht, so hört der Mensch auf, andere zu kritisieren. So, wie man sehen kann, wenn die Augen offen sind, so kann man verstehen, wenn das Herz offen ist. In dem Moment, wo wir beginnen zu verstehen, fühlen wir die Nöte und Schwierigkeiten, aber auch die Freuden des anderen. Ein Herz, welches sich ohne Voreingenommenheit öffnet, entwickkelt Liebe. Liebe ist die Heilkraft und das Heilmittel für fast alle Schmerzen und Leiden.

Unser mystisches Herz und unsere Seele gehören auf geheimnisvolle Weise zusammen. Wenige Menschen wissen, daß ihre Seele leidet, weil ihr Herz verschlossen ist für die Gefühle der anderen, und sie hören auch nicht die Stimme Gottes in sich, weil ihr Herz verhärtet ist. Ein erwachtes Herz ist dagegen sehr aufmerksam und hört auf die innere Stimme. Gott spricht zu jedem Herzen, doch nicht jedes Herz hört ihn auch.

Frage dein Herz, wenn du wirklich wissen willst. In deinem Herzen wohnt Gott. Gottes Liebe und Weisheit wohnen in dir, in jedem Menschen, in jedem Herzen. Ein Herz ist zu vielerlei Liebe fähig.

Das Wort Liebe ist sowieso ein sehr strapaziertes Wort. Wie sieht diese Liebe aus, zu der ein mystisches Herz fähig ist? Wir können sagen, diese Liebe hat sich über die menschliche Leidenschaft erhoben. In einem mystischen Herzen ist Gott daheim und damit das Wohlwollen für alle Wesen.

Ein Mensch mit einem mystischen Herzen strahlt Liebe auch ohne Worte aus. Seine ganze Gegenwart sagt: «Ich bin dir wohlgesonnen, ich akzeptiere dich, so wie du bist. Dein Innerstes ist göttlich, ich segne dich.» Jeder Mensch ist ein Geschöpf Gottes, und für Gott ist jeder Mensch einzigartig und wichtig, als wäre dieser sein einziges Kind.

Für das Wohl anderer zu leben ist dem Menschen, dessen Herz erwacht ist, ein Bedürfnis. Er sucht nicht seinen Vorteil, sondern er will, daß es jedem Menschen, mit dem er zu tun hat, nach Möglichkeit gutgeht.

Krebs

Ist es nicht erschreckend, wie hoch die Sterberate bei Krebskranken ist? Warum ist das so? Sicher hat die Medizin große Erfolge in der Forschung und bei der Entwicklung von Heilmitteln und Methoden in der Krebstherapie erzielt. Doch immer noch ist jeder Tote einer zuviel. Wollen wir wirklich nur der Umwelt die Schuld geben?

Krebserkrankungen gibt es nicht erst seit heute. Seit Tausenden von Jahren ist Krebs bekannt. Selbst in diesem Jahrhundert gab es einige Heilige und Erleuchtete, die an Krebs erkrankten, manche starben auch daran.

Natürlich haben sich durch unsere Lebensgewohnheiten manche Krebsformen vermehrt. Ein Beispiel ist hier der Lungenkrebs. Die Einflüsse durch das Rauchen, durch alte Röntgenapparate, durch spezielle Gase und Staubarten sind nachgewiesen. Gegen das Rauchen braucht man nicht mehr viel zu sagen. Die Aufklärung wird gründlich betrieben, von seiten der Naturheiler, vieler Ärzte und Gesundheitsbehörden. Doch erreicht die Aufklärung meistens nur die Oberfläche des Denkens und ändert nichts am Verhalten des Rauchers.

Manche denken, daß eine Krebserkrankung immer auch eine psychische Ursache hat. Wir sprechen doch davon, daß der Mensch eine Einheit von Körper, Seele und Geist ist. Das heißt, daß das Denken des Menschen seinen Einfluß auf den Körper hat, daß das Verhalten eine Rolle spielt.

Das Wort «Ver-halten» sagt recht deutlich, was es ist. Es ist nicht die Haltung, die offen und aktiv, agierend ist, sondern es ist das, was wir zurückhalten. Wir *ver*halten uns, wir halten unsere Gefühle zurück und zeigen sie nicht so, wie sie sind. Wir tun das, wovon wir meinen, es sei unsere Pflicht, und ignorieren zu oft unsere eigenen Bedürfnisse. Sei es, daß wir erzogen wurden mit dem Leitsatz: «Du bist nicht wichtig», das heißt, die eigenen Bedürfnisse sind nicht wichtig. Oder der Satz: «Zuerst die Arbeit, dann das Vergnügen» wurde uns eingeprägt. Meistens bleibt es dann bei der Pflicht, und schon bei kleinen Vergnügen klopft das sogenannte schlechte Gewissen an, ob es jetzt nicht besser wäre, wieder an die Pflicht zu denken. Wo Freude herrscht, hat Krebs keine Chance.

Fragen wir uns, wer an Krebs erkrankt: Welche Persönlichkeiten sind es, die davon betroffen werden? Ein Mensch, der karmisch einen großen Entwicklungsschritt macht, kann an Krebs erkranken. Eine Krankheit will immer etwas lehren. Sie ist nicht eine Strafe Gottes, sie ist ein notwendiges Geschehen, damit der Patient durch die richtige Erkenntnis im Leben etwas verändern kann.

Wenn ein Mensch an einer Krankheit stirbt, so ist es ein Ende des alten Körpers und ein Neubeginn auf der geistigen Ebene. Immer ist es der Körper, die Materie, die diese Form von Leben nicht mehr weiterlebt. Indessen ist der Geist, das Bewußtsein unzerstörbar und lebt ewig.

Die Betroffenen sehen den Krebs als persönlichen Feind an. Es gibt jedoch auch Menschen, die eine Heilung erfahren haben. Sie sind durch sehr tiefe Umbrüche in ihrem Leben gegangen. Manche sind total verändert aus der Krankheit hervorgegangen, sie haben ihr Denken, ihre Einstellung zum Leben radikal verändert. Waren sie vor der Krankheit voller Kritik, Neid und Groll, so sind sie nach der Krankheit versöhnlich, wohlwollend und tolerant. Fragt man sie, ob sie die Erfahrungen, die sie mit und während der Krankheit gemacht haben, missen möchten, so verneinen sie es. Es sei eine äußerst wichtige Zeit gewesen, sagen sie alle.

Ein Leben ohne Freude ist ziemlich trostlos und leblos. Leider verharren viele Menschen im passiven Warten, ob nicht endlich die Freude an ihre Tür klopft. Da das nicht geschieht, setzen sie sich in die Ecke und werden depressiv, mit dem Gedanken: «Keiner liebt mich. Ich bin es nicht wert, daß mir jemand Freude macht.»

Denken Sie, ein Engel würde sich im Himmel in eine Ecke setzen und Trübsal blasen? Engel sind für Gottes Schöpfung so empfänglich wie keine anderen Wesen. Sie nehmen die Weisheit und Liebe und Schönheit überall und in allem wahr. Denn Gott ist in seiner Schöpfung, und die Anwesenheit Gottes zu erfahren schenkt unsagbare Freude.

Nun sind Menschen keine Engel, das wissen wir alle. Und doch haben viele Menschen Engelqualitäten in sich. Wir können unsere feinen Engelqualitäten pflegen und entwickeln. Wissen Sie, daß das ein Weg ist, dem Krebs entgegenzuwirken?

Für intellektuelle Menschen ist es manchmal schwer verständlich, warum die Seele eine große Rolle im Leben spielen soll. Sie finden es sentimental, ihrer Seele Ausdruck zu verleihen. Es ist oft eine Folge der Erziehung, wenn ein Mensch seine Gefühle zurückhält. Vielleicht wurde schon in der Kindheit sehr früh jede spontane Gefühlsäußerung untersagt.

Was diesen Menschen übrigbleibt, ist die Arbeit nach dem Motto «Wenn du viel leistest, bist du etwas wert». Das glauben jedenfalls einige. Doch die Welten der Freude und Liebe bleiben verschlossen, und die Welt der Arbeit und der Pflicht nimmt sie gefangen. Die Seele leidet, und irgendwann beginnt der Körper das Leiden zu manifestieren.

Fragen wir uns einmal, wer ist verantwortlich für unser Wohlergehen? Ist es Gott? Oder sind es die Eltern? Oder die Regierung, oder die Nachbarn? Die anderen, der andere, die da oben? Irrtum! So weit es in unserer Macht steht, sind wir es ganz allein, die für unser Wohlbefinden verantwortlich sind. Es ist oft ein weiter Weg, der dahin führt, daß wir diese Erkenntnis in unser Leben integrieren. In unserem Leben ist es unter anderem unsere Aufgabe, für uns und unseren Körper zu sorgen.

Natürlich sollte unser Wohlbefinden nicht auf Kosten der anderen gehen, aber wir dürfen erkennen, daß wir keine Egoisten sind, wenn wir für uns sorgen, damit es uns gutgeht. Selbstverständlich geben wir unseren Mitmenschen unsere Liebe und Fürsorge, wir schenken ihnen Freude und versuchen, ihnen ihr Leben erträglich zu machen. Das bedeutet überhaupt nicht, daß wir uns bis auf den letzten Blutstropfen ausnutzen lassen, daß die anderen immer an erster Stelle kommen müssen und daß wir Tag und Nacht immer für die anderen zur Verfügung stehen. Es bedeutet nicht, daß wir andere von uns abhängig machen.

Gerade in Partnerschaften ist es gut, wenn jeder genügend Freiraum hat, aber auch gemeinsame Pflichten und Freuden können verbinden. Warum soll immer nur einer – meistens die Frau – die Mahlzeiten bereiten, den Tisch decken, den Abwasch machen, die Einkäufe erledigen? Heutzutage sind Mann und Frau gleichermaßen in den Arbeitsprozeß eingebunden. So dürfen sie sich Leid und Freud des Alltags auch teilen. Auf diese Weise entsteht kein Groll, und es entfällt ein Grund zu erkranken.

Kaum ein Mensch ahnt, wie tiefgreifend die Wirkung von Groll, Neid und Haß auf den Körper ist. Vielleicht ist kein Gefühl so wirksam wie diese Eigenschaften. Der Mensch kann zu niemand so grausam sein wie zu sich selbst. Wie kann ein Mensch liebevoll und verständnisvoll zu anderen sein, wenn er sich selbst nicht mit Liebe und Verständnis begegnen kann?

Wenn wir jahrelang unsere Bedürfnisse unterdrücken, wird unser Körper eines Tages reagieren. Sind wir in unserem Wesen heftig veranlagt, ist es uns aber anerzogen worden, daß Aggressionen schlecht sind, werden wir unsere Aggressionen nicht mehr zulassen können, ohne ein schlechtes Gewissen zu bekommen. Schließlich kann unser Körper mit extremen Schmerzen reagieren. Arthritis, Rheuma, Krebsschmerzen,

Nervenschmerzen sind schrecklich und kaum auszuhalten. Sind es nicht die Aggressionen, die wir auf diese Weise gegen uns selbst richten?

Wir sollten schon in der Kindheit lernen, mit Energie umzugehen, ohne uns oder anderen zu schaden. Wir sollten die Erlaubnis bekommen, unseren Gefühlen Ausdruck verleihen zu dürfen, und unsere Stimmungen kennenzulernen. Lernen wir dadurch, echt zu sein, zu uns zu stehen und nichts zu unterdrücken und uns nicht zu verstellen, so werden wir auf jeden Fall gesünder bleiben.

Sucht

Ist es nicht erstaunlich, wie viele Menschen von Gewohnheiten stark abhängig sind und nicht davon lassen können? Das trifft besonders auf die Gifte wie Tabak und Alkohol zu. Beides sind gesellschaftlich anerkannte «Genußgifte», an denen ein Staat durch die von ihm erhobenen Steuern noch mitverdient.

Menschen, die viele Jahrzehnte ihrem Körper diese Gifte zugeführt haben, können schneller altern, Herz- und Kreislaufbeschwerden, Leber- und Lungenleiden bekommen. Viele werden vorzeitig invalide und müssen dann von einer schmalen Rente leben. Immer mehr Menschen gibt es auf der Erde, und jeder einzelne davon pflegt bestimmte Gewohnheiten.

Ein kleiner, aber gravierender Unterschied liegt zwischen einer Gewohnheit und einer Sucht. Eine Gewohnheit ist oft in der Kindheit anerzogen worden. Es kann zur Gewohnheit werden, sich vor dem Essen die Hände zu waschen oder zu beten, oder abends nach dem Zähneputzen nichts mehr zu essen oder zu trinken.

Eine Sucht ist immer eine Suche nach der Mutter, sagt man in der psychosomatischen Medizin. Aber es ist auch eine Gewohnheit, die sich verselbständigt hat und die nicht mehr zum Nutzen, sondern zum Schaden wirkt. Normalerweise denken wir bei Sucht an Rauschgift, Alkohol oder Tabak. Doch was ist mit Putzen, Waschen, Arbeiten? Auch diese Tätigkeiten können ausufern und zu Suchtverhalten führen.

Warum sind manche Menschen süchtig und andere nicht? Manche Menschen sind für Süchte disponiert, das heißt, sie haben eine Neigung dazu. In jedem Fall neigen süchtige Menschen dazu, den mittleren Weg zu verlassen. Sie suchen im Leben Grenzen zu überschreiten, Extreme zu erfahren, und sie verlieren dabei sehr schnell den Boden unter den Füßen.

Ein Mensch, der unter einer Sucht leidet, ist krank. Für einen Gesunden ist es schwer nachfühlbar, wie sich ein Suchtkranker fühlt. Es ist doch nur eine Frage des Willens, ob der Kranke seine Sucht aufgibt oder nicht, denken viele: «Soviel gesunden Verstand sollte der Mensch doch haben, daß er nicht etwas tut, was ihm so schadet.»

Was ist der Hintergrund einer Sucht? Es wird gern gesagt, besonders auch von Suchtkranken, daß hinter jeder Sucht eine Sehnsucht, eine Suche stecke. Nämlich die Suche nach der guten, fürsorglichen Mutter.

Vielleicht kann Sehnsucht auch eine weitere Sucht sein? Der Hintergrund einer Sucht ist doch das Bestreben, eine Grenze zu überschreiten. Der Mensch sucht immer etwas, das weiter, höher, tiefer ist als das, was er gerade erfährt.

Keiner wird zu einer Sucht gezwungen, das zu verstehen ist ganz wichtig. Jeder Erwachsene hat den freien Willen, sich zu entscheiden, was er tun will. Bei Süchten spielt oft auch ein gesellschaftlicher oder Gruppeneinfluß eine Rolle, jedenfalls was die Konsumgüter betrifft.

Alkohol und Zigaretten sind staatlich sanktioniert. Es gibt fast keinen Film, in dem diese «Genußmittel» nicht konsumiert werden. Die leicht entspannende Wirkung von einem Glas Wein ist den meisten Menschen bekannt. Die ganze Spannung, die einem tagsüber im Nacken saß, fällt plötzlich ab, wenn wir am Abend ein kleines Glas Wein trinken.

Nach einer Weile meinen wir, ein Glas reiche nicht. Der Streß des Tages war ja so groß, und im Laufe der Zeit mehrt sich der Streß am Tage und die Anzahl Gläser am Abend. Wir überlassen uns einer Gewohnheit, die sich verselbständigt.

Wenn man Suchterkrankungen karmisch betrachtet, liegt hier eine gewisse Haltlosigkeit im Menschen, die er in den

Griff kriegen sollte. Er muß lernen, seine Impulse und seine Bedürfnisse zu steuern. Er sollte seine Gewohnheiten im Leben immer wieder ändern und damit beweglich und lebendig bleiben. Gewohnheiten, die man ein ganzes Leben lang beibehält, lassen einen unlebendig werden. Sie sind dann wie ein verknöchertes Korsett, in dem man dahinvegetiert.

Suchtverhalten kann auch psychische Probleme überdecken. Jemand hat beispielsweise häufig Kopfschmerzen. Er nimmt dann eine Tablette, und nach kurzer Zeit ist er frei von Schmerzen. Toll, oder? Es ist doch eine Behandlung mit Erfolg, wie auf Knopfdruck ist der Schmerz weg. Doch der Kopfschmerz war keine einmalige Angelegenheit, er kommt wieder, beim nächsten Mal vielleicht noch mit Übelkeit, Erbrechen und Lichtempfindlichkeit. «Aha, eine Migräne», sagt sich der Patient. Die Schmerzmittel werden verdoppelt, und wenn diese nicht helfen, werden stärkere Mittel genommen. So entsteht allmählich eine Tablettensucht. Die Schmerzmittel können eines Tages Ursache für Kopfschmerzen werden!

Sie können Ursache sein, sie müssen es nicht. Da ihm das Tablettenschlucken immer geholfen hat, ist der Mensch gewöhnt, unbequeme Symptome möglichst schnell mit den passenden Medikamenten zu bekämpfen. Morgens müde? Dann müssen Koffeintabletten her. Magenschmerzen? Hier helfen Säureblocker. Kopfschmerzen? Schmerztabletten sind dann richtig. Schlafstörungen? Da helfen Schlaftabletten, die man schlucken kann. Nimmt man diese spät am Abend oder sogar in der Nacht, wirken sie natürlich bis spät in den Morgen hinein. So beginnt der krankmachende Kreislauf, am Morgen muß man wieder neue Aufputschmittel einnehmen. Das ist nur ein Beispiel.

Das Ichgefühl eines Menschen, der suchtkrank ist, ist schwach. Die Persönlichkeit ist nicht ausgeprägt genug, um Entscheidungen zu treffen und Verantwortung zu tragen. Der Mensch will sich oft nicht einordnen und gesetzte Grenzen sprengen. Niemand kann einem andern deswegen einen Vorwurf machen. Es gehört mit zu unserem Karma, welche Stärken und Schwächen wir im Leben haben und entwickeln. Hüten wir uns vor Überheblichkeit. Eine überhebliche Haltung ist der Ausdruck äußerster Lieblosigkeit.

Für den Heiler sind Suchtkranke eine Herausforderung. Diese Patienten machen sich unbewußt oft etwas vor, übrigens auch dem Arzt werden Phantasiegeschichten erzählt. Nicht nur der Körper des Suchtkranken braucht Reinigung und eine Umprogrammierung, auch die Psyche braucht Heilung, ebenso die Aura. Ein Hellsichtiger erkennt in der Aura eines Suchtkranken die dunklen Flecken, die durch Gifte oder zwanghaftes Tun ihre Spuren hinterlassen haben.

Kann man den Patienten über die Aura heilen? Es wäre sehr einfach für den Patienten, wenn das ginge. Durch geistiges Heilen kann der Heilungsprozeß unterstützt werden. Aber um eine grundlegende Heilung zu bewirken, ist es immer auch nötig, daß der Patient mit seinem Willen, seinem Bewußtsein bei der Heilung mitwirkt, und zwar ganz eindeutig «ja» sagt zur Heilung. In jedem Fall bedarf es großer Mengen von Liebe, Verständnis und Konsequenz, um einem Suchtkranken zu helfen.

Konsequentes Verhalten ist etwas, das der Suchtkranke erst wieder lernen muß. Vielleicht hat er es in seinem ganzen Leben noch nicht gelebt. Es bedeutet unter anderem, eine Entscheidung zu treffen und dazu zu stehen, um jeden Preis. Wir können es mit kleinen Dingen üben. Wir nehmen uns vor, ab sofort für einen Monat keine Schokolade zu essen oder auf etwas anderes zu verzichten, das wir besonders gerne haben. Oder wir trinken einen Monat lang keinen Kaffee oder Schwarztee oder Alkohol. Ohne Kompromisse ziehen wir unser Vorhaben durch. Es schenkt Kraft, wenn wir bis zum Schluß durchhalten. Wir haben uns beherrscht und unseren Willen in die von uns bestimmte Richtung gelenkt.

Rheumatismus

Rheumatismus ist der Oberbegriff für eine Vielzahl von Muskel- und Gelenkerkrankungen. Schmerzhaft sind diese Erkrankungen alle. Schon Kinder können daran erkranken, doch mit zunehmendem Alter steigt die Zahl der Erkrankungen an. Für viele Menschen bringt diese Krankheit außer Schmerzen im Laufe der Zeit auch noch Bewegungseinschränkungen mit sich, die bis zur völligen Steifheit führen können.

Kann sich ein gesunder Mensch vorstellen, wie es ist, Tag und Nacht, tagaus, tagein mit Schmerzen leben zu müssen? Selbst wenn so ein geplagter Mensch zu Schmerzmitteln greift, werden die Schmerzen nur betäubt, aber unterschwellig sind sie doch immer vorhanden.

In vielen Fällen liegt die Ursache der Krankheit darin, daß der Erkrankte in einem früheren Leben sehr egoistisch war. Er hatte nur sein Wohl im Sinn und tyrannisierte seine Umwelt. Viele Menschen hatten unter seinen Aggressionen zu leiden. Für den Erkrankten ist die Krankheit in diesem Leben eine Lehre, seinen Mitmenschen gegenüber geduldig und dankbar zu sein. Da Rheumatiker oft von der Hilfe anderer Menschen abhängig werden, müssen sie sich besinnen und ihre Aggressionen transformieren.

Da Rheumatismus heute ein Sammelbegriff für die verschiedensten Muskel- und Gelenkerkrankungen ist, gibt es auch verschiedene Heil- oder Linderungsmittel. In jedem Fall ist es wichtig, daß der Kranke ein Gefühl für Gesundheit und körperlich-seelische Harmonie entwickelt.

Kaum ein Mensch ist sich der Tiefe seiner Gefühlsregungen und Intentionen bewußt. Für einen Rheumatiker ist es sehr schwer, sich seine aggressiven Gefühle einzugestehen. Vielleicht behaupten sogar die Menschen in seinem nahen Umfeld, er sei aggressiv. Für ihn spielen Disziplin, Ordnung und Gehorsam eine große Rolle. Bricht einmal diese Ordnung zusammen, sei es durch Trennung oder den Tod eines geliebten Menschen oder durch Veränderung der Arbeitsbedingungen, so kann ein Rheumaschub auftreten.

Für den Rheumatiker ist es immer wichtig, sein Gesicht zu wahren. Deshalb nimmt er sich äußerlich sehr zusammen und zeigt seine Gefühle nur spärlich. Dafür leitet er seine Aggressionen in seinen Körper ab. Lernt er, seine Probleme zu artikulieren, seine Bedürfnisse zu erkennen und zu erfüllen, so ist er schon einen Schritt weiter auf dem Weg zur Besserung.

Menschen, die Ärger und Groll in sich hineinfressen, die auf andere «sauer» sind, übersäuern ihr Blut. Daraus entstehen die Ablagerungen, unter anderem in den Gelenken. Menschen, bei denen der Säure-Basen-Haushalt unausgeglichen ist, und zwar zur sauren Seite hin, neigen eher zu Aggressionen, zu Wutausbrüchen und Ungeduld.

Natürlich spielt auch hier die Ernährung eine Rolle. Fleisch, weißer Zucker und Kaffee steigern den Säurespiegel im Körper. Vegetarische Nahrung ohne tierisches Eiweiß, ohne Zucker, ohne schwarzen Tee und Kaffee stärkt dagegen den Basenspiegel. Mit einer ausgewogenen Ernährung allein ist es aber leider nicht getan. Vielleicht noch wichtiger ist die Harmonie der Seele.

Meiner Meinung nach hilft es nicht sehr viel, wenn sich ein Mensch jeden Tag sagt: «Ich bin voller Harmonie» und dabei im Untergrund doch Wut und Groll hegt und nicht wahrhaben will, daß er auch nur ein Mensch ist, der seine Stärken und Schwächen hat. Jeder Mensch braucht Aggressionen, um zu überleben. Die Frage ist immer nur, wie er damit umgeht!

Ist es überhaupt möglich, sich krankmachender Emotionen

zu entledigen? Es kommt darauf an, möglichst ehrlich mit sich selbst umzugehen. Dazu gehört auch, daß man lernt, nicht jedes Gefühl zu bewerten. Schauen wir Emotionen als bestimmte Energieformen oder Schwingungen an, ohne gleich zu sagen: «Wut ist schlecht, Neid und Groll sind schlecht.» Spüren wir in unseren Körper hinein, wo wir Wut, Groll oder Neid empfinden.

Nehmen wir ohne zu werten wahr, welche Empfindungen diese Gefühle in unserem Körper auslösen. Wir werden viel deutlicher erkennen, mit welchen Arten von Schwingungen wir es zu tun haben. Eine Schwingung verkörpert eine Energieform, die harmonisch oder disharmonisch sein kann. Erkennen wir, daß sie disharmonisch ist, können wir versuchen, sie zu harmonisieren.

Wichtig ist dabei, daß wir erkennen, welche Qualität die Schwingung hat – ohne zu sagen, sie sei gut oder schlecht. Sie kann zum Beispiel unruhig oder stockend, fließend oder langsam sein. Um unsere Schwingung zu harmonisieren, kann deshalb auch Musik ein gutes Hilfsmittel sein.

Gerne leben wir sorglos in den Tag hinein, vor allem, wenn es uns gutgeht. Treten dann Hindernisse auf, sei es in Form von Krankheiten oder familiären oder beruflichen Problemen, so geraten wir sehr schnell in Unruhe oder gar in Panik. Wir sind dann nur schwer zu beruhigen, weil niemand uns erklären kann, warum das gerade jetzt geschieht. Wir fragen uns, was wir gemacht haben, daß ausgerechnet wir jetzt das erleben müssen.

Haben Sie sich schon einmal gefragt: «Was muß ich in meinem Leben ändern? Was muß ich in meinem Denken, Fühlen und Tun anders machen? Wohin soll mich das Geschehen bringen, was ist das Ziel des Ganzen?»

Hysterie

Lassen Sie sich nicht irritieren, wenn Sie jemand hysterisch nennt. Heutzutage ist das ein Allerweltsausdruck, mit dem Menschen abgestempelt werden, vor allem Frauen.

Ist ein Mensch in seiner Gesundheit etwas labil, hat er häufiger kleinere oder größere körperliche Probleme, so nehmen Gesunde schnell Anstoß daran. Leidet die Erkrankte an immer wechselnden Symptomen, so sprechen lieblose Zeitgenossen gerne davon, daß diese Frau hysterisch sei, sie habe ja jede Woche ein anderes Leiden. Klagt sie heute über Magenschmerzen, so hatte sie letzte Woche Nervenschmerzen im Rücken, und in der nächsten Woche wird ihr vielleicht immer schwindelig, wenn sie allein über die Straße gehen muß.

Selbst wenn der Arzt keine körperliche Befunde feststellt, leidet diese Frau subjektiv an den von ihr vorgebrachten Symptomen. Sie wird es am Anfang sicher nicht glauben, daß ihr in diesem Fall ein Psychotherapeut oder Psychiater helfen kann. Psychiater sind doch «Seelenklempner». «Ich bin doch nicht verrückt, warum soll ich in eine Psychotherapie», sagen sich diese Patienten.

Hier liegt ein totales Mißverständnis vor. Man ist nicht verrückt, wenn man in einer schwierigen Situation die Hilfe eines Fachmanns oder einer Fachfrau in Anspruch nimmt, im Gegenteil. Seelenärzte und Berater haben es gelernt, Ursachen, Zusammenhänge und Muster von Verhaltensweisen zu analysieren, zu erkennen und mit dem Patienten neue Perspektiven zu entwickeln.

134

Wir alle haben unsere blinden Flecken, vor allem, was unsere persönlichen Probleme angeht. Wir machen unbewußt Fehler und wiederholen diese auch noch, einfach weil diese Fehler zu unserer Verhaltensprogrammierung gehören. Die Folgen der Fehler sind unangenehm. Wir würden sie gerne vermeiden, doch wir wissen nicht, wie wir das anstellen sollen.

Hier kann es angezeigt sein, eine Kurzzeittherapie in Anspruch zu nehmen, um einmal mit einem kompetenten Menschen unsere Probleme zu besprechen. Für die Berater ist es absolut normal, daß Menschen zu ihnen kommen und Hilfe und Rat einholen. Sie sind Probleme aller Art gewohnt, es gehört zu ihrem Beruf, eine Art seelischer Müllabladeplatz zu sein. Sie werden sich bemühen, aus dem Müll guten Dünger zu machen und diesen dann für das Wachstum des Patienten zu benutzen.

Viele Patienten haben anfangs vielleicht Hemmungen, über sich und ihre Konflikte zu reden. Der Therapeut ist bereit, sich alles anzuhören, ohne den Klienten oder Patienten zu verurteilen. Er versucht, die Probleme herauszufinden und neue Perspektiven aufzuzeigen. Er wird, je nach Ausbildung und geistiger Reife, mit dem Patienten ein Stück des Lebensweges gemeinsam gehen. Er wird die inneren Ressourcen des Patienten aktivieren, die die Möglichkeit zur Änderung bringen, und ihm Anstöße zu neuen Erkenntnissen ermöglichen.

Depression

Heutzutage ist es erlaubt, deprimiert zu sein, «down» zu sein. In den USA gehört es fast zum guten Ton, einen Therapeuten zu haben. Auf Parties zitieren die Gäste ihre Therapeuten, wie seinerzeit die Hippies ihre spirituellen Gurus. Wenn die Nebel und die Dunkelheit in unseren Breitengraden zunehmen, füllen sich die Wartezimmer der Therapeuten. Manche Menschen erwarten «ihre jährliche Herbstdepression» schon fast wie einen alten Bekannten. Ist das nicht erstaunlich?

Eine gedrückte oder traurige Stimmung ist noch keine Depression. Schlechte Laune und vorübergehende Lustlosigkeit machen ebenfalls noch keine Depression aus. Von einer Depression spricht man erst, wenn es sich um einen länger andauernden Zustand von Niedergeschlagenheit und Hoffnungslosigkeit handelt.

Niemand ist vor Depressionen sicher, man kann sich nicht dagegen impfen lassen. Es ist eine Frage der Intelligenz und Meisterschaft, ob und inwieweit wir eigene Depressionen erkennen und in den Griff bekommen können.

Wenn wir Depression von der spirituellen Seite her betrachten, so ergibt sich folgendes Bild: Der höchste feinstoffliche Körper des Menschen ist umhüllt von einer sehr schnellen Schwingung. Diese Schwingung stellt eine Abschirmung gegenüber der Astralwelt dar. Hat ein Mensch krankmachende Neigungen – wenn er sich beispielsweise ständig Sorgen macht, wenn er neidisch ist, haßerfüllt, wenn er keine Liebe für andere hat –, dann zieht sich sein Lebensfeld immer mehr zusammen, und die Astralwelt drückt immer stärker und intensiver auf seinen feinstofflichen Körper.

Die feine Hülle, die uns umgibt, ist eine Lichtschranke aus feinster Schwingung und dabei doch so stark und schwer zu durchdringen wie eine Metallschranke. Sie ist stabil und sicher. Wenn jedoch die dichte, dunkle Energie durch ungutes Leben und Denken immer intensiver wird, dann entsteht ein Loch in der Lichtschranke. Es ist, als ob jemand ein kleines Guckloch aussägte. Als Folge davon strömt ungute Energie von der Astralwelt in die irdische Welt hinein. Da Gleiches von Gleichem angezogen wird, wird der Sog dermaßen stark, daß Astralwesen fest angesaugt werden. Sie können sich auch ein Segelboot vorstellen, bei dem ein Dummkopf in der Kajüte lüften will und ein Loch in die Kajütenwand bohrt. Durch den starken Wasserdruck wird dann das ganze Boot mit Wasser vollaufen.

Die Astralwesen, die von diesem Sog angezogen werden, sind unerlöste Wesen, die jederzeit bereit sind, jemanden aus dem Erdbereich heimzusuchen. Sie machen keinen Unterschied zwischen irdischen Menschen und Astralwesen. Wir müssen wissen, daß Astralwesen unter anderen Lebensbedingungen leben und auch ganz andre Möglichkeiten haben zu kämpfen. Sie können sich untereinander wahrnehmen, während wir als Menschen sie meist nicht wahrnehmen können und uns deshalb nicht so leicht vor ihnen schützen können.

Eine Depression ist in erster Linie ein Gemütszustand, der Gefühle der Aussichtslosigkeit und Hoffnungslosigkeit mit sich bringt. Der Erkrankte findet in nichts mehr einen Sinn. Die Perspektive engt sich immer mehr ein und kann neben den psychischen Problemen eine Reihe von physischen mit sich bringen. Das geht über Kopfschmerzen (Migräne), Atembeschwerden, Verdauungsprobleme bis zu Schlafstörungen, Nervenausfällen und sogar Lähmungen.

Es ist selbstverständlich, daß hier immer ein Neurologe zugezogen werden sollte, der eine gründliche Untersuchung vornimmt, um alle organischen Erkrankungen auszuschalten.

«Himmelhoch jauchzend – zu Tode betrübt», wir kennen diesen Ausspruch, bedeutet das vielleicht «manisch-depressiv»? Für den Menschen, der diese Zustände erlebt, ist es wichtig, mit allen seinen verschiedenen feinstofflichen Körpern in Verbindung zu sein. Es ist für sein Wohlsein wichtig, daß er, wenn auch unbewußt, immer in Verbindung mit seinem höheren Selbst ist. Das höhere Selbst hält die Verbindung zu den göttlichen, geistigen Welten aufrecht.

Indem ein Mensch in düsteres Grübeln verfällt, vor sich hin brütet, sich mit Schuldgefühlen plagt oder seine Minderwertigkeitsgefühle nährt, verdichtet er immer mehr sein Lebensfeld. Er ist in einem Zustand der Dichte, die kein Licht, auch kein geistiges Licht mehr in sein Alltagsbewußtsein läßt.

Gedanken der Sinn- und Freudlosigkeit formen eine dunkle, graubraune Aura um diesen Menschen und sind für Hellsichtige als große dunkle Flecken erkennbar. Das Prinzip, daß Gleiches Gleiches anzieht, hat leider auch hier seine Wirksamkeit. Gedanken wie «es hat ja doch alles keinen Sinn» werden verstärkt und scheinen sich selbst zu bestätigen.

Menschen, die ständig in der Tageszeitung die Katastrophenmeldungen lesen, vergiften sich innerlich. Sie können ihre Phantasie nicht mehr im Zaum halten, diese macht sich selbständig und denkt sich immer neue schreckliche Dinge aus. Innerlich wächst die Angst, daß einem selbst das alles zustoßen könnte. Angst, Grübeln, Sich-Sorgen-Machen nehmen einem Menschen ungeheuer viel Lebensenergie. So schwächt sich der Mensch durch sein negatives Denken mehr und mehr.

Gegen Depressionen gibt es viele Mittel, mindestens so viele, wie es Ursachen für diese Krankheit gibt. Wir unterscheiden endokrine Depressionen, wo die inneren Drüsen nicht richtig arbeiten. Hierzu gehören zum Beispiel die Schilddrüse mit der Nebenschilddrüse, die Nebennieren, die Bauchspeicheldrüse. Doch eine Über- oder Unterfunktion dieser Drüsen festzustellen ist Aufgabe von Fachärzten.

Im Bereich der Psyche erkennen wir die Neigung zu Depressionen bei Menschen, die Probleme mit den Themen Veränderung und Trennung in ihrem Leben haben. Diese Menschen suchen die Geborgenheit, die sie als Kind schon suchten und nicht fanden. Häufig gehen sie später als Erwachsene mit ihrem Partner eine Symbiose ein, die ein Kind normalerweise sehr früh mit seiner Mutter erfährt. Droht bei einem Erwachsenen die Gefahr der Ablösung, so entsteht unbewußt die Angst, selbst Verantwortung tragen zu müssen. Der Mensch will alles tun, um es dem anderen recht zu machen, und die Symbiose aufrechtzuerhalten. Er klammert sich an den anderen und läßt ihn die Verantwortung übernehmen. Ein durch eine Trennung ausgelöstes Erwachsenwerden kann bei manchen Menschen Depressionen hervorrufen.

Weitere Symptome der Depression sind Entscheidungs- und Entschlußlosigkeit, die Angst, unheilbar krank zu sein, trotz Vermögen auftretende Verarmungsängste, Antriebslosigkeit, Müdigkeit und Schlafstörungen bis hin zu körperlichen Symptomen.

Der Erkrankte wird herausgefordert, sich mit der Krankheit auseinanderzusetzen, und muß lernen, selbst für sein Wohlergehen zu sorgen. Depressive haben die Neigung, anderen die Schuld für ihr Unwohlsein in die Schuhe zu schieben. Natürliche Medikamente sollten als erstes probiert werden. Der Erkrankte kann versuchen, seine Stimmung mit Johanneskrautextrakten oder Schlüsselblumenprodukten positiv zu beeinflussen. Es gibt sehr gute, rein pflanzliche Mittel, die leichte Depressionen beheben können.

Wohlhabende Menschen fahren im Winter gerne in Landschaften, die warm und sonnig sind, um dem dunklen Winter zu entgehen. Neuerdings gibt es die Lichttherapie, die an der Universität Bern mit Erfolg erforscht worden ist. Sie wird mit sogenannten Truelight-Lampen durchgeführt. Ich benutze diese Leuchte im Winter in meiner Praxis. In Deutschland gibt es meines Wissens in Berlin zwei Ärzte, einer davon ein bekannter Psychiater, die diese Lichttherapie mit Erfolg durchführen.

Der Mensch, der an einer Depression erkrankt, leidet zuerst einmal selbst. Doch wir sollten bedenken, daß jeder Depressive für seine Mitmenschen ebenfalls ein großes Problem darstellt. Die meisten Menschen sind überfordert mit einem Menschen, der plötzlich kaum noch mit ihnen redet, der stundenlang vor sich hinstarrt, brütet, der vielleicht kaum noch emotionale Reaktionen zeigt. Der Partner zweifelt an der Zuneigung des anderen, er zweifelt an sich selbst, weil er sich fragt, was er denn bloß falsch gemacht hat.

Das Wort Freude wird ein Fremdwort, der Depressive zu einer ungeheuren Belastung. Das Schlimme ist, daß der Erkrankte keine Einsicht in seine Erkrankung hat. Er denkt: «Jeder hat doch das Recht, mal ruhiger zu sein, der Partner will dauernd etwas von mir, er sollte mich in Ruhe lassen. Alles ist sowieso sinnlos.» Ich rate Angehörigen von Depressiven, sich Selbsthilfegruppen anzuschließen oder selbst eine zu gründen. Untereinander kann man sich sehr viel Hilfe geben und weiß dann auch, daß man mit seinen Problemen nicht allein ist.

Bis jetzt habe ich nur kurz den melancholischen Typ angesprochen. Es gibt aber auch den überaktiven, der eher in manische Zustände gerät. Dieser Kranke hat einen kaum zu kontrollierenden Gedankenfluß. Unzählige Pläne gehen ihm durch den Kopf. Die Gedanken fließen und springen vom Hundertsten ins Tausendste. Auch der physische Bewegungsdrang steigert sich im Laufe der manischen Phase immer mehr. Die eigene Situation wird nicht mehr realistisch eingeschätzt.

Es gibt extreme Fälle, in denen die Erkrankten plötzlich sehr viel Geld für unnötige Anschaffungen ausgeben. Ich kenne zwei Betroffene, die plötzlich ihre Leidenschaft für das Taxifahren entdeckt haben. Sie weiten ihre Fahrten immer mehr aus, manchmal sogar, bis sie kein Geld mehr haben und in eine psychiatrische Klinik eingeliefert werden.

Verschreibt ein Arzt dem Erkrankten Medikamente, so ist es ein Muß, daß der Patient diese auch nimmt. Das Vertrauen, das der Patient in den Arzt hat, ist die Basis für eine gute Behandlung. Braucht ein Patient beispielsweise Lithium, so muß er Menge und Zeitpunkt der Einnahme mit dem Arzt absprechen. Psychopharmaka können weder durch Bach-Blüten, noch durch Akupressur oder Aura-Soma-Präparate ersetzt werden. Diese Mittel können bestenfalls zusätzlich eingesetzt werden, um dem Patienten das gute Gefühl zu geben, daß er natürliche Maßnahmen zur Unterstützung seines Wohlbefindens anwendet.

Natürlich ist es wichtig, daß der Patient seinem Arzt genau Auskunft darüber gibt, wie die Medikamente bei ihm wirken, ob er beispielsweise Schlafstörungen bekommt oder tagsüber zu schläfrig ist oder ob er trotz normaler Ernährung an Gewicht zunimmt. Der Arzt ist kein Hellseher, er ist auf die Mitarbeit des Patienten angewiesen und kann dann das richtige Medikament herausfinden und auch die richtige Dosierung.

Müdigkeit

Kennen Sie auch diesen Zustand, wenn Sie morgens völlig
müde aufwachen und sich wünschen, es wäre noch Nacht und
Sie hätten noch einige Stunden Schlaf vor sich? Sie hatten
gehofft, daß dieser Schlaf Sie erfrischen würde und Sie danach
erholt und fröhlich aus dem Bett springen könnten. Meist ist
dem aber nicht so, und beim Aufwachen ist es dann so spät, daß
Sie sofort aufstehen müssen. Je nach Zustand werden Sie dann
heiß oder kalt duschen und versuchen, einigermaßen durch
den Vormittag zu kommen. Da hilft es oft auch nicht viel, am
Morgen einen starken Kaffee zu trinken. Kaffee reizt durch die
Röstprodukte die Leber, was sich auf die Dauer negativ auf
unser Wohlbefinden auswirkt.

Sind das schon Anzeichen von chronischer Müdigkeit?
Nicht jede vorübergehende Erschöpfung ist gleich ein Symptom dafür. Wenn Sie sich körperlich oder seelisch überfordert
haben, wenn Sie eine schwere Krankheit überstanden haben,
können Schwäche und Müdigkeit für eine gewisse Zeit auftreten. Der Körper braucht je nach Alter und Konstitution
Zeit, um sich wieder zu regenerieren. Irgendwann werden Sie
wieder einen normalen Energiezustand erreicht haben.

Leben Sie allerdings ein normales ruhiges Leben und fühlen
sich dennoch ständig müde, so müssen Sie etwas unternehmen.
Lassen Sie sich vom Arzt gründlich untersuchen. Es gibt sehr
viele Ursachen für Müdigkeit. Eisenmangel ist ein Beispiel,
Unterfunktionen der Schilddrüse oder der Nebennieren sind
weitere mögliche Ursachen. Wenn der Arzt keine physischen

Ursachen finden kann, sollten Sie Ihr Schlafzimmer auf Wasseradern oder Erdverwerfungen untersuchen lassen.

Ich erlebe es in meiner Praxis immer wieder, daß für einen Patienten die Bach-Blüte Oak angezeigt ist. Und wenn ich ihn dann frage, ob er morgens müder ist als abends, dann antwortet er gewöhnlich mit «Ja». Die Konsequenz ist dann häufig, daß die Stelle, an der das Bett steht, geprüft werden muß. Bei einer Störung muß das Bett gegebenenfalls an eine neutrale Stelle verschoben werden.

Überprüfen Sie Ihr Lebensumfeld, Ihren Wohn- und Arbeitsbereich, Ihre Ernährung, Kleidung und – last but not least – Ihre Lebenseinstellung. Zu einem angenehmen Leben gehören Licht, Luft, Freude und auch Dankbarkeit. Achten Sie auf helle und gut belüftbare Räume. Klimaanlagen in Büros können ebenfalls die Lebensenergie schwächen. Können Sie es nicht vermeiden, an einem solchen Platz zu arbeiten, so müssen Sie in Ihrer Freizeit etwas für Ihre Gesundheit tun.

Das beginnt bei bewußtem Atmen und geht über lebendige Nahrung bis zu Enzym-, Vitamin- und Mineralstoffzusätzen und körperlichem Training. Ein weiterer wichtiger Faktor ist der psychische Zustand. Achten Sie beizeiten darauf, wenn Lustlosigkeit zu Ihrem ständigen Begleiter wird. Sie können versuchen, sich an den eigenen Haaren aus dem Loch zu ziehen. Nehmen Sie beispielsweise ein Präparat aus Johanniskraut. Dieses Kraut ist seit dem Mittelalter dafür bekannt, daß es Depressionen beheben kann.

Lassen Sie sich beraten, entweder von einem Arzt, einem Apotheker oder Heiler. Sind nach einem Monat keine Anzeichen einer Besserung eingetreten, müssen Sie einige weitere Schritte unternehmen. Sprechen Sie mit Ihrem Hausarzt, lassen Sie sich einen Psychotherapeuten empfehlen, der mit Ihnen vielleicht eine Kurzzeittherapie macht oder eine bestimmte Form von Krisenintervention.

Es ist heutzutage eine große Hilfe, daß wir Experten aus den verschiedensten Gebieten auswählen können. Psychotherapeutische Unterstützung zu bekommen bedeutet nicht, daß man «verrückt» ist oder einen «Dachschaden» hat. Psychotherapie bedeutet Seelenheilung. In früheren Zeiten gab es den Seelsorger. Im alten Griechenland waren die Priester der Tempel Eingeweihte in die geistigen Welten und Heiler. Heutzutage braucht ein Seelsorger oft selbst Therapie, und der Psychotherapeut hat einen Teil der Aufgaben des Seelsorgers übernommen.

Der heilige Augustinus sagte: «Gesund ist derjenige, dessen Seele von Gott weiß». Insofern sollte ein guter Psychotherapeut in der Lage sein, die spirituellen Aspekte in die Therapie mit einzubringen. Sicher gibt es eine Anzahl therapeutischer Richtungen, die spirituelle Dimensionen nicht anerkennen. Es ist nicht immer leicht für einen Patienten, den für ihn richtigen Therapeuten zu finden.

Wenn Sie sich für etwas begeistern können, wirklich aus der Tiefe Ihres Wesens, was geschieht dann? Sie vergessen sich und Ihre persönlichen Kümmernisse. Man kann sich für vieles begeistern, doch ich meine, je unpersönlicher der Inhalt ist, um so intensiver kann dieses Gefühl erfahren werden.

Sie können sich für die Umwelt engagieren, für Greenpeace arbeiten, Sie können Musik, Malerei, Fotografieren zu Ihrem Hobby machen, oder Sie helfen anderen Menschen oder gehen in eine Selbsthilfegruppe. Rappeln Sie sich auf, nehmen Sie sich selbst an die Hand, und geben Sie sich einen Ruck. Lassen Sie es nicht zu, daß Sie für den Rest Ihres Lebens niedergeschlagen oder mißgestimmt sind. Einmal leiden Sie selbst darunter, und zusätzlich streuen Sie auch geistige Viren aus und stecken Ihre Umwelt an.

Unser Umweltbewußtsein darf nicht auf Themen wie Autoabgase, FCKW und das Ozonloch beschränkt bleiben. Das Umweltbewußtsein, das seine Wirkung sicher nie verfehlt, ist unser eigenes Verhalten, unser Denken, Fühlen und Tun. Wir strahlen auch ohne Worte das aus, was in uns ist. Werden wir uns dessen bewußt, können wir an unseren Zuständen besser arbeiten. Wir können es zulassen, daß uns göttlicher Geist und Freude erfüllen und wir damit wieder inspiriert und begeistert durch das Leben gehen.

Meditation

Gehen Sie in die Natur und umarmen Sie einen Baum. Wenn Sie Glück haben und eine Eiche finden, umarmen Sie diese, sonst einen anderen großen Baum. Ist das alles nicht möglich, machen Sie folgende Meditation:

Setzen Sie sich in eine bequeme Meditationshaltung. Nehmen Sie am Anfang nur Ihren Atem wahr. Er fließt ruhig und gleichmäßig. Mit jedem Atemzug werden Ihr Wohlbefinden und Ihre Entspannung tiefer und tiefer.

Atmen ist Geben und Nehmen. Nehmen Sie wahr, wie Ihr Körper in seinem eigenen Rhythmus dieses Geben und Nehmen mit dem Kosmos praktiziert. Nach einer Weile stellen Sie sich vor, daß Sie auf einer schönen grünen Wiese sind. Vor Ihnen wächst ein großer, kräftiger Baum. Sie schauen genau hin und erkennen, daß es eine Eiche ist. Begrüßen Sie den Baum und fragen Sie ihn, ob Sie ihn umarmen dürfen. Stellen Sie sich dicht an den Stamm und umarmen Sie ihn. Sprechen Sie mit dem Baum und spüren Sie ihn.

Nach einer Weile lösen Sie Ihre Arme von dem Stamm und lehnen sich mit dem Rücken an den Stamm. Sie können sich auch hinsetzen und Ihren Rücken an den Stamm lehnen. Nehmen Sie jetzt die Kräfte wahr, die von den Wurzeln bis in die Krone des Baumes fließen. Werden Sie Teil des Baumes, lassen Sie die Energien fließen.

Mit Ihrem Einatmen spüren Sie, wie reine starke Energie aus den Wurzeln emporsteigt. Lassen Sie die Energie durch Ihr Kronenchakra hochsteigen wie einen Springbrunnen. Beim zweiten Einatmen bringen Sie Licht aus der Höhe herab, führen es durch Ihr Kronenchakra zurück in die Wurzeln. Spüren

Sie den Lebenswillen und Lebensmut des Baumes. Spüren Sie die Freude in den Zweigen und Blättern. Gehen Sie tief in diese Erfahrung. Nach genügend langer Zeit bedanken Sie sich bei dem Baum und kommen zurück ins Hier und Jetzt.

Schlaf- und Wachzustände

Der Schlaf hat etwas Barmherziges. Wenn wir während des Schlafes mit unserem Bewußtsein in andere Ebenen und Zustände gehen, vergessen wir unseren Körper mit seinen Beschwerden und das ganze Leid der Welt. Ältere und alte Menschen, ebenso wie Kranke leiden in größerem Maße und sind dankbar für jede Minute Schlaf, die sie haben können.

Kann ein Mensch leben, ohne zu schlafen? Viele, vor allem ältere Menschen denken, daß sie mindestens acht Stunden Schlaf brauchen. Viele wissen nicht, daß es in Indien Meister gibt, die jahrelang meditieren und nicht schlafen. Ein Mensch kann ohne Schlaf auskommen, wenn sein Bewußtsein sich auf bewußte Weise mit Gott verbinden kann.

Im allgemeinen leben wir unser unruhiges Alltagsleben, führen spät abends noch lebhafte Diskussionen über triviale Themen. Wir schauen Fernsehen, sehen Krimis, Spätnachrichten mit Katastrophen aus aller Herren Länder. Dann putzen wir uns die Zähne, waschen uns und gehen ins Bett. Wir schließen die Augen und erwarten, sofort in einen erholsamen Schlaf zu fallen. Bestenfalls schlafen wir ein und erwachen nach einiger Zeit, die Gedanken kreisen im Kopf, und wir sind wach.

Andere Menschen können überhaupt nicht einschlafen. Sie wälzen sich im Bett hin und her, sie stehen wieder auf, geistern in der Küche herum, essen und trinken etwas, hauptsächlich aus Langeweile, sie stellen vielleicht nochmals den Fernseher an, hören Radio oder lesen ein Buch. Manche nehmen Baldrian ein oder Schlaftabletten, andere trinken Schlaftee oder ein

Glas Kognak; so versucht jeder auf seine Weise, Zugang zu einem erholsamen Schlaf zu finden.

Wahrscheinlich wissen Sie, daß Schlafentzug als Foltermethode eingesetzt wird. Aber er kann auch ein Mittel gegen Depressionen sein. Wie können wir dafür sorgen, daß wir einen guten, erholsamen Schlaf haben? Unser Schlafraum sollte luftig und behaglich sein. Unser Bett sollte an einer Stelle stehen, die frei von Erdstrahlen und Wasseradern ist. Wir sollten keine elektrischen Geräte in der Nähe unseres Bettes stehen haben. Weder ein elektrischer Wecker noch ein Radio und schon gar nicht ein Fernseher hat etwas in unserem Schlafzimmer zu suchen.

Daß wir körperliche Hygiene pflegen, ist für die meisten selbstverständlich. Doch wie steht es mit der seelischen Hygiene? Fallen wir nach dem spannenden Krimi sozusagen direkt ins Bett? Wir haben alle Eindrücke des Tages gespeichert, alles ist in unserem Bewußtsein aufgezeichnet. Unser Energiefeld schwingt in einer unruhigen Schwingung nach all den Eindrücken.

Wenn wir einschlafen, steigt unser Alltagsbewußtsein in die höheren spirituellen Bereiche. Es will mit unserem höheren Selbst in Kontakt kommen. Unser höheres Selbst hat eine äußerst feine Schwingung und ist in den heiligen Ebenen zu Hause. Unser höheres Bewußtsein schützt diese heiligen Gebiete, in die unser Alltagsbewußtsein erst aufsteigen kann, wenn es sich von all den dunklen und dichten weltlichen Eindrücken gereinigt hat. Erst wenn es harmonisch auf das Göttliche eingestimmt ist, kann unserem Tagesbewußtsein erlaubt werden, die heiligen Hallen des guten Schlafes zu betreten.

Kann unser Bewußtsein nicht in höhere, feinere Ebenen aufsteigen, weil es zu unruhig und ungereinigt ist, so steigt es vielleicht bis in die untere Astralebene auf. Wir träumen dann schwere, dunkle Träume. Vielleicht schrecken wir aus Alpträumen wieder auf, weil unser Schlaf nicht tief ist und die Eindrücke der Astralwelt für uns quälend sind.

Menschen, die vor dem Einschlafen beten oder meditieren,

was für mich im Grunde dasselbe ist, die sich dem himmlischen Schutz überlassen können, werden keine oder sehr viel weniger Probleme mit dem Schlaf haben. Es kommt darauf an, loszulassen. Loszulassen von der Welt, mit all ihren Sorgen, Problemen, Wünschen und Ängsten, das ist die Übung!

Wir müssen selbst die Erfahrung machen, wie wir uns besser fühlen. Kein anderer Mensch kann es uns sagen. Wir haben den Meister in uns. Unser Körper, mit seiner innewohnenden Intelligenz, unsere innere Stimme, ist ein Instrument unseres höheren Selbst. Er ist unser Führer, der uns sehr genau sagen kann, was für uns gut ist.

Nur, daß wir lernen müssen, unsere inneren Ohren zu spitzen. Wir dürfen der Neigung nicht nachgeben, wegzulaufen und unserer Unruhe zu willen sein. Unser Ego hat immer die Angst verlorenzugehen, nicht wichtig zu sein. Es treibt uns zur Arbeit, zum Tun, zum Lernen, um dann mit Wissen zu glänzen. Aber es läßt nur schwer zu, daß wir ruhig werden, um in unsere tieferen Schichten vorzudringen. Es könnte ja sein, daß Probleme aufsteigen, an denen unser Ego einen starken Anteil hat, und das will es gerne vermeiden. Oder es könnte sich herausstellen, daß das Ego gar nicht so wichtig ist.

Sich in Gottes Hände zu begeben, voller Vertrauen alles Ihm überlassen, ein besseres Heilmittel gibt es nicht. Im Einschlafen lassen wir los, wir lassen alles hinter uns. Der Schlaf wird auch der kleine Tod genannt, darin liegt viel Weisheit. Vor jedem Einschlafen nehmen wir Abschied vom Körper, von der Welt, um uns nach dem Aufwachen wieder wie neu geboren zu fühlen. Wir sind dem Leben neu geschenkt. Aufwachen und Einschlafen gehören zueinander. Solange wir den leiblichen Körper haben, erwachen wir in unserem Körper. Nach unserem letzten Einschlafen werden wir in der geistigen Welt erwachen.

Das Erwachen ermöglicht es uns, unserer Energie bewußt zu werden, ja, überhaupt wieder bewußt zu werden. Erwachen heißt auch, uns unserer Intentionen, Ideen und Wünsche bewußt zu werden. Gestalten wir unser Leben nicht und lassen uns von den Lebensumständen bestimmen, kann das Leben für uns sehr belastend werden. Wir sind dann mehr oder weniger ein Spielball des Lebens, des Schicksals. Wenn wir dagegen beginnen, unser Leben bewußt zu gestalten, können wir Licht in unser Leben bringen.

Können Sie sich vorstellen, daß Ihnen vor Ihrer Inkarnation diese Welt gezeigt wurde? Daß Sie Länder, Menschen und Schicksale zu sehen bekamen, mit all dem Leid, das aus Unwissenheit, Gier und falschen Vorstellungen entsteht? Können Sie sich vorstellen, daß Sie schon vor Ihrer Inkarnation den tiefen Wunsch verspürten, allen leidenden Wesen zu helfen, ihnen Gutes zu tun und daß dieser Wunsch so stark war, daß Sie dann freiwillig wieder inkarnierten?

Im Buddhismus legt man das Gelübde ab, daß man so schnell wie möglich den Erleuchtungsgeist entwickeln will, um aus diesem Geist heraus allen fühlenden Wesen zu helfen. Wenn wir am Morgen erwachen und diesen Gedanken mit ganzem Herzen aktivieren, motiviert uns diese Absicht, den Tag so gut wie möglich zu gestalten. Der Tag, unser Leben, ist dann erfüllt mit Sinn. Wir werden weniger kritisch sein und mehr und mehr wohlwollend.

Sind wir innerlich wohlwollend, so verändert sich nach und nach unser ganzes Umfeld und harmonisiert sich. Leben wir den Alltag wohlwollend, so sind wir auch am Abend noch harmonisch und als Folge davon schlafen wir auch besser. Wie sagt der Volksmund? «Ein ruhiges Gewissen ist ein gutes Ruhekissen.»

Das Thema Vollmond möchte ich noch erwähnen. Ich kenne viele Menschen, die kurz vor und während des Vollmonds keinen oder nur sehr schlechten Schlaf finden. Für diese Menschen kann es sehr hilfreich sein, eine lange Meditation zu machen und in das Bewußtsein Buddhas zu gehen. Sie können für Menschen beten, die in Leid und Krankheit leben. Sie können für die Tiere beten und eine Mond-Sonne-Meditation machen, wie im folgenden beschrieben wird.

Meditation

Dies ist eine Meditation, die Sie vor dem Einschlafen machen können.
  Denken Sie:

Ich bin müde, wohltuende Müdigkeit erfüllt mich.
Loslassen, fließen lassen,
angenehme Wärme durchströmt meinen Körper.
Ruhe fließt auf mich herab.
Ruhe umhüllt mich.
Ruhe durchdringt mich.

Ich atme Ruhe ein, ich atme Ruhe aus, Ruhe erfüllt mich.
Ich lasse los. In Gottes Hände gebe ich alles.
Mein Leben, meine Gedanken, meine Gefühle,
alles ruht sicher in Gottes Händen.

Wenn mein Unbewußtes die Zeit für richtig hält,
werde ich einschlafen,
und morgen werde ich erholt und frisch gestärkt
mit neuer Lebensfreude erwachen.

Ich überlasse mich der göttlichen Liebe.
Loslassen, fließen lassen, Sein in Gottes Geborgenheit.

Krankheit und Demut

Ein moderner Mensch muß clever sein, er muß seine Vorteile im Leben schnell erkennen können und wahrnehmen. Er muß intellektuell auf der Höhe sein, was bedeutet, daß er immer die besseren Argumente hat und sein intellektuelles Wissen ausnutzt.

Ist «Modernsein» noch in? Wie steht es mit dem zeitlosen Menschen? Ein Mensch, der zeitlos ist, wird sich den jeweiligen Gegebenheiten gemäß emotional und spirituell entsprechend verhalten. Für viele ist intellektuelle Bildung immer noch ein sehr hohes Ideal. Natürlich gehören Strebsamkeit, Intelligenz des Intellekts, Geduld und vieles mehr dazu, für viele Jahre die Schulbank zu drücken, um schließlich die Erlaubnis zu erhalten, endlich weiter lernen zu dürfen.

Jetzt ist es die Universität, hinter deren Mauern man wieder für Jahre verschwindet, um weiter zu lernen. Berge von Büchern werden gelesen, Stunden um Stunden wird gehört, gedacht und geschrieben. Und am Schluß wird einem bescheinigt, daß man sich in den Gebieten XY ein besonderes Wissen angeeignet hat.

Doch das Leben hat noch viel mehr Aspekte, die genauso wichtig sind. Wurde in früheren Jahren dem Intelligenzquotienten die größte Bedeutung zugemessen, so kommt jetzt ein neuer Begriff ins Gespräch, der «Emotionsquotient». Es geht in erster Linie nicht mehr ausschließlich um intellektuelles Wissen, sondern um emotionale Reife, die ja eher etwas mit Weisheit zu tun hat. Weisheit ist keinesfalls vom Alter eines Menschen abhängig, gibt es doch oft junge Menschen, die eine sehr große emotionale Weisheit leben.

Jeder Mensch hat es schon erlebt, daß ihm Hilfe zuteil wurde von Menschen, die zu den sogenannten «einfachen Menschen» gehören. Da gibt es die ungebildete Oma mit großer Herzenswärme, den Opa mit liebevoller Geduld, die Nachbarin, eine «Nur-Hausfrau», eine bescheidene Grundschullehrerin und viele mehr. Sie alle waren für uns Menschen, die Licht und Liebe in das Dunkel unseres Lebens brachten. Menschen mit Herz und Verstand, die die Sorgen und Nöte ihrer Mitmenschen erspürten und ihnen etwas Freude bereiten wollten.

Warum fällt es sogenannten Gebildeten oft so schwer, spontan ihr Mitgefühl zu zeigen? Haben sie zu viele Skrupel, sich so zu zeigen, wie sie sind? Oder sind sie gar nicht mehr so mitfühlend, weil sie ihr Lebensgefühl mehr und mehr in ihren Kopf verlagert haben? Sind in ihrem Kopf alle Argumente aktiv, die gegen die Gefühle angehen?

«Man zeigt nicht, was man fühlt», es könnte als Schwäche ausgelegt werden. «Man muß dem anderen die Freiheit lassen und sich nicht in seine Angelegenheiten einmischen», also braucht man auch keine Verantwortung zu übernehmen.

Hüten wir uns vor der Vorherrschaft des Intellekts oder unseres anerzogenen Alltagsdenkens. Wenn wir stets frisch, neu und lebendig leben, so sind unsere Liebe, unser Mitgefühl und Wohlwollen ebenfalls stets frisch, neu und lebendig.

Manchmal sind unsere Emotionen voller Zartheit und wie ein warmer Sommerwind. Aber sie können auch hart und scharf wie das Messer eines Chirurgen sein, der mit großer Erfahrung etwas Störendes und Krankes aus einem Körper entfernt. Liebe äußert sich nicht nur in Sanftheit und Süße, sondern auch in Klarheit und Strenge.

Gesundsein ist ein Zustand, den wir Menschen immer noch als natürlich und selbstverständlich empfinden. Keiner kann von sich sagen, ob er nicht auch irgendwann einmal krank wird. Der menschliche Körper ist ein Wunderwerk an Präzision, Weisheit und Kooperation, aber er ist auch äußerst fragil. Jeder Körper ist der Vergänglichkeit anheim gegeben. Alles, was geworden ist, wird auch wieder vergehen, so auch unser Körper.

Krankheit kann eine Herausforderung für uns sein. Fast jeder von uns kennt Menschen, die mit einem Unterton des Stolzes von ihren Leiden erzählen. Ich kenne Menschen, die ihre Operationen aufzählen, wie Soldaten ihre Auszeichnungen, die sie im Krieg erkämpft haben. Das beginnt in der Kindheit mit der Entfernung der Mandeln, geht über die Blinddarmoperation, Magen-, Darm- und Gallenstein-Operationen bis zu Ovarien- und Uteruseingriffen. Dazwischen liegen noch weitere Eingriffe an den Augen oder der Haut. Diese Menschen schmücken sich selbst mit unsichtbaren Orden für ihre Tapferkeit im Operationssaal. Sie kämpfen stets gegen Krankheiten, Unpäßlichkeiten und Unwohlsein. «Du mußt dagegen angehen, laß dich nicht gehen, nimm dich zusammen, beiß die Zähne zusammen!» Wer kennt nicht diese Sätze.

Bedenken wir aber doch einmal, welche Perspektive diese Menschen haben. Wir können das Verhältnis «Mensch und Krankheit» von ganz verschiedenen Seiten beleuchten.

1. Auf der einen Seite steht der Mensch, auf der anderen Seite steht die Krankheit.
2. Auf der einen Seite steht der Mensch mit seiner Krankheit, auf der anderen Seite steht der Arzt.
3. Auf der einen Seite stehen der Mensch und der Arzt, auf der anderen Seite steht die Krankheit.
4. Auf der einen Seite steht der Mensch mit einer Krankheit, auf der anderen Seite stehen «die Gesunden».

Betrachten wir nun die Emotionen der einzelnen Zustände, die Gedanken und die Haltung, die diese jeweils auslösen.

1. Hier steht der Mensch, der die Krankheit als seinen Gegner

154

ansieht. Er ist der Meinung, daß er einen Anspruch auf Gesundheit hat. Die Krankheit muß bekämpft werden. Je nach Temperament, das heißt, je nachdem ob der Betreffende geduldig oder ungeduldig ist, wird er die Krankheit massiv mit schnellwirkenden Mitteln wie Antibiotika bekämpfen oder sich Zeit lassen und mit Haus- und Naturheilmitteln dagegen zu Felde ziehen. Das Verfahren hängt natürlich auch von der Krankheit ab.

Welche Emotionen sind in diesem Menschen aktiv? Er wird in erster Linie ungehalten sein, daß die Krankheit ihm Unwohlsein bringt und ihn im Berufs- und Alltagsleben behindert. Oft meint er, daß er es sich nicht leisten kann, krank zu sein. Steckt nicht manchmal auch die Angst dahinter, daß die anderen denken könnten, er sei nur faul? Er spiele krank, um sich vor etwas zu drücken, zum Beispiel vor Verantwortung?

Fragen wir uns, wie diesem Menschen geholfen werden kann. Für ihn gibt es die Aufgabe, zu analysieren, was die Krankheit ihm sagen will. Brauchen sein Körper und sein Denken Erholungszeit, oder braucht er bessere Nahrung? Der Körper gibt ja Zeichen, nur muß sie der Mensch auch zu deuten wissen. Fragen Sie in sich hinein: «Was brauche ich?»

Ein Mensch, der zu sehr in seinen Gedanken lebt, vernachlässigt die Aufmerksamkeit für seinen Körper. Der Körper soll allein mit seinen Problemen fertigwerden, doch leider kann er es nicht immer. Er beginnt dann, Zeichen zu geben. Zuerst kleine Zeichen, werden diese ignoriert, ist der Körper meistens immer noch geduldig. Irgendwann kann er aber implodieren, das heißt, die Symptome werden unterdrückt und verlagern sich ins Innere des Körpers, allerdings auch in das Unbewußte der Psyche. Dort schwelen sie so lange, bis ein Ausbruch kommt.

Je nach Intensität kann das schrecklich werden und bis zur Unheilbarkeit gehen. Denken wir nur an die sogenannten «Krebspersönlichkeiten»: Depressionen, die Unfähigkeit, Gefühle zu zeigen und sich von Ärger zu entlasten, zu große

Anpassung, all das kann zum Bild einer solchen Persönlichkeit gehören. Jahrelang werden Feindschaft, Groll, Unzufriedenheit und eventuell auch Verfolgungsangst unterdrückt und verborgen gehalten. Diese Gefühle wirken wie Gift auf die Körperzellen.

Der Mensch begehrt insgeheim enorm gegen sein Schicksal und das ganze Leben auf. Dieses Gefühl der Revolte überträgt sich auf die Zellen seines Körpers. Da der Mensch eine Einheit von Geist und Körper ist, kann er den Einfluß seiner Gedanken nicht vom Körper abtrennen. Die Zellen seines Körpers verwirklichen dann das, was er in Gedanken über lange Zeit gemacht hat, sie verhalten sich asozial. Sie versuchen nicht mehr, im Einklang mit ihrer Umgebung zu leben, sondern machen, was sie wollen: Sie individualisieren sich, mit anderen Worten, sie entarten.

2. Dieser Mensch verbündet sich mit seiner Krankheit gegen den Arzt und die Umwelt. Therapeuten begegnen dieser Haltung besonders häufig; wenn ein Mensch sich auf Grund eines Leidens oder einer Erkrankung einen vorzeitigen Ruhestand erhofft, sind die Chancen für eine Heilung gleich Null.

Wer verlangt von einem Kranken schon, daß er sich für andere einsetzt, daß er die volle Verantwortung für sein eigenes Wohlergehen und das seiner Umwelt trägt? Der Kranke nimmt «seine» Krankheit als Schwert der Verteidigung: «Wenn du machst, daß ich mich aufrege, bekomme ich einen Herzanfall; wenn du nicht spurst, kriege ich einen Asthmaanfall; du widersprichst mir, ich spüre, wie mein Krebs in mir wieder wächst.»

Die besten Ärzte sind machtlos, wenn der Patient sich mit seiner Krankheit verbündet und daraus für sich Gewinn zieht. Sekundärgewinn nennt man dieses Phänomen. Zunächst sieht man nur den armen Kranken mit seinem Leiden, und erst bei näherem und sehr deutlichem Hinsehen erkennt man den Mechanismus dahinter. Daß nämlich die Krankheit und das Leiden eingesetzt werden, um die Umwelt zu manipulieren. Die

Macht, die der Kranke aus seiner Krankheit zieht, setzt er – häufig unbewußt – ein, um sich Vorteile zu verschaffen.

Was steht hinter diesem Verhalten? Wir können erkennen, daß der Kranke sich im Grunde machtlos fühlt. Er hat vielleicht von Kindheit an Situationen erlebt, in denen die Themen Macht und Ohnmacht eine Rolle spielten. Meistens erfuhr er wahrscheinlich das Gefühl der Ohnmacht. Durch eine Krankheit erlebt der Mensch dann Aufmerksamkeit, Rücksichtnahme und so weiter. All das ist ihm durchaus angenehm und erleichtert ihm das Leben. Er kann Verantwortung abgeben an andere Menschen.

So ein Mensch braucht viel Geduld und eine liebevolle aber energische Umwelt, um seine gesunden Anteile in sich zu aktivieren. Die Tendenz, sich hinter der Krankheit zu verstecken, muß vom Kranken erkannt werden. Der Selbstwert sollte nach und nach, vielleicht auch mit Hilfe eines Therapeuten, erweckt und gestärkt werden. So kann eines Tages die Verwandlung stattfinden und aus dem manipulierenden Kranken ein eigenverantwortlicher und vielleicht gesunder Mensch werden.

3. Der Mensch und der Arzt kämpfen gegen die Krankheit – in diesem Fall distanziert sich der Mensch von der Krankheit, vielleicht sogar von seinem Körper. Die Krankheit gibt ihm über seinen Körper eine Botschaft, aber er kann und will sie nicht deuten und verstehen. Der Arzt versucht sein bestes, die Symptome zu lindern oder zu beseitigen. Der Patient kämpft gegen seinen Körper, der ja die Symptome zeigt. Es ist ein insgesamt unausgeglichener Kampf. Hier werden Symptome als Feinde angesehen und bekämpft, statt die Botschaft der Symptome zu deuten und zu versuchen, die Ursachen herauszufinden und zu bearbeiten.

Mit einer Haltung wie dieser ist eine grundlegende Heilung fast ausgeschlossen. Heilung bedeutet immer auch, sein Denken, Fühlen und Tun dem aktuellen Leben anzupassen. Das heißt, daß man nicht mit seinen Gedanken in der Vergangenheit lebt. «Ach, hätte ich doch damals dieses oder jenes getan oder nicht getan» oder «Hätte er oder sie sich doch damals so oder so verhalten» – all das hilft nicht, das Hier und Jetzt zu meistern.

Ebenso werden unausgesprochene Ängste, «was ist wenn…, was kann alles passieren…», in keiner Weise fruchtbar und heilsam sein, im Gegenteil. Der Mensch sollte seinen Körper und seine Bedürfnisse wahrnehmen und auf die kleinen und größeren Zeichen und Botschaften seines Körpers achten lernen. So kann er immer mehr im Einklang mit sich und der Umwelt leben.

4. Auf der einen Seite steht der Mensch mit einer Krankheit, auf der anderen Seite stehen die Gesunden: Hier sind Menschen betroffen, die Erbkrankheiten beziehungsweise chronische Krankheiten haben. Diese Menschen haben oft das Gefühl, wie an einem Ufer zu stehen, und am gegenüberliegenden Ufer sehen sie die anderen, die Gesunden. Die anderen können all das, was man selbst nicht zu können glaubt: Sie sind arbeitsfähig, fast unbegrenzt einsatzfähig, sie können jede Art von Sport treiben, sie können sich Ziele setzen und diese auch erreichen. Die Gesunden haben genügend Energie für das Leben, sie können es mit Elan und Freude leben.

Dazwischen liegt der Fluß der Hindernisse, Zweifel, Schwächen und Rückschläge. Wie können diese Menschen nicht nur leben, sondern sogar gut leben? Nicht ohne Neid schauen viele Kranke auf die sogenannten Gesunden. Obwohl die Gesunden vielleicht nicht besonders viel im Leben leisten und vermutlich auch irgendwo ihre Schwachpunkte haben. Sei es, daß sie psychisch sehr labil sein können und unter ihren Gedanken und Vorstellungen und Ängsten leiden oder andere Schwierigkeiten haben.

Wenn sich ein Mensch mit einer chronischen Krankheit sein ganzes Leben lang dagegen wehrt, krank zu sein, wird er es nicht lernen, optimal mit seiner Krankheit umzugehen. Er wird die Zeichen des Körpers nicht achten und auch eine regelmäßige Einnahme der für ihn wichtigen Medikamente unterlassen. Er wird sein Verhalten und seine Lebensweise nicht den Bedürfnissen seines Körpers und der Krankheit anpassen.

Die Folgen sind, daß immer wieder gesundheitliche Krisen auftreten, in denen die Mitmenschen in den Prozeß miteingebunden werden und gezwungen werden, vielleicht unnötig viel Verantwortung zu tragen. Außerdem kann es öfter zu Situationen kommen, bei denen es auf Leben oder Tod geht.

Wie kann nun ein Mensch lernen, möglichst gut mit einer Erb- oder chronischen Krankheit zu leben? Könnte er sich vorstellen, nicht am anderen Ufer, am Ufer der Kranken zu stehen? Wenn er das innere Bild entwickeln kann, daß er in der Weite einer Landschaft steht, so lernt er vielleicht akzeptieren, daß es Menschen mit allen Formen von Gesundheit und Krankheit gibt. Sein Ziel könnte sein, sich Schritt für Schritt zu einem angenehmeren Lebensgefühl heranzuarbeiten.

Wichtig ist, daß er die kleinsten Zeichen seines Körpers wahrnimmt und ernst nimmt. Ein Herzkranker, der auf Nitrospray angewiesen ist, wird dieses Spray immer bei sich tragen, um nicht das Risiko eines Herzanfalls einzugehen und seine Mitmenschen für sein Überleben unnötig einzuspannen.

Ein Diabetiker trägt sehr viel Verantwortung für sich, er muß auf eine für ihn ausgewogene Ernährung achten, auf körperliche Aktivität, genügend Schlaf. Seine Blutzuckerwerte muß er ständig selbst kontrollieren und im Gleichgewicht halten. Ist er unterwegs, so muß er immer Kohlehydrate bei sich tragen, in Form von Traubenzucker, Keksen, Schokolade oder ähnlichem, für den Fall, daß sein Blutzucker überraschend sinkt und er diesen wieder stärken muß. Er ist selbst verantwortlich für sein Wohlergehen, achtet er nicht darauf, weiß er, daß seine Krankheit viele verschiedene Folgekrankheiten mit sich bringen kann.

Ein Asthmatiker, der allergisch ist, wird mit Hilfe seines

Arztes herausfinden, worauf er allergisch reagiert. Diese Stoffe, die Allergene, wird er dann meiden. Er wird von seinem Arzt aufgeklärt, was er tun muß, um einen Asthmaanfall zu vermeiden, und was er bei Beginn eines Anfalls unbedingt tun muß, um nicht einen lebensgefährlichen Anfall, einen sogenannten «Status asthmaticus» zu bekommen.

Vielleicht muß ein Patient immer wieder Cortison einnehmen. Er muß wissen, daß dieses Cortison ihm das Leben retten kann. Hier ist die richtige Aufklärung über das Medikament unbedingt wichtig. In einer Studie wurde belegt, daß Menschen, die bis dahin nur in der Presse über Cortison gelesen hatten, das Medikament viel eher ablehnten. Menschen, die mit Hilfe von Cortison schon große Krisen überstanden hatten, waren der Einnahme gegenüber viel unbefangener.

Eine Kooperation von Patient, Arzt, der Allopathie (Schulmedizin) und komplementären Heilweisen wird viel eher Harmonie in einen Heilungsprozeß oder Linderung bringen als ein intoleranter Krieg, wo Meinung gegen Meinung verteidigt wird. Viele Kranke lernen mit der Krankheit zu leben, sich zu akzeptieren, ihren Körper mit den Symptomen anzunehmen und für ihn zu sorgen. Dazu gehört auch immer die eigene Seelenfürsorge. Im Laufe ihres Lebens können sich diese Menschen allmählich so verhalten, als seien sie gesund. Sie haben die Krankheit und ihre Folgen weitgehend im Griff und können ein erfülltes und gutes Leben führen.

Ein Mensch, der nur Gesundheit kennt, wird selten dieses Gefühl von Dankbarkeit kennen, wenn er Zeiten größeren Wohlbefindens erlebt. Ein Kranker ist meistens viel labiler und schwankt eher zwischen Hoffnung und Resignation. Wenn er gelernt hat, eine gewisse Harmonie in sich zu entwickeln, wird er seelisch «den mittleren Weg» gehen können. Er wird große Exzesse jeder Art meiden, sei es bei der Arbeit oder im privaten Bereich. Denn jede übergroße Anstrengung läßt den Körper erschöpft zurück, und die Zeit der Erholung ist sehr viel länger als bei einem Gesunden.

Insofern muß ein erblich oder chronisch Kranker lernen, sich Grenzen zu setzen, zu seiner Krankheit zu stehen und Rücksicht auf seinen Körper zu nehmen. Wenn er sich nicht überfordert, kann er so leben, als sei er gesund. Und er wird bewußt leben und mit Dankbarkeit, Bescheidenheit und Demut jeden Tag genießen, der ihn körperlich beschwerdefrei sein läßt.

Teil III

Anleitungen zur Selbsthilfe mit Akupressur, Bach-Blüten und Affirmationen

Hinweise zum Gebrauch

In dem nun folgenden Teil des Buches werde ich Ihnen – nach Themen geordnet – eine Reihe von Übungen zur Selbsthilfe vorstellen. Die Kombination von Akupressur mit Bach-Blüten und besonderen Affirmationen hat in meiner Praxis überraschende Erfolge erzielt. Deshalb möchte ich diese Methode meinen Leserinnen und Lesern nahebringen.

Ein geeignetes Verfahren, um den gestörten Energiefluß im Körper zu lokalisieren, ist der in der angewandten Kinesiologie eingesetzte Muskeltest. Der Begriff «angewandte Kinesiologie» geht auf den amerikanischen Chiropraktiker Dr. Goodheart zurück, der jahrelang auf dem Gebiet der Kinesiologie gearbeitet hat. Dabei entdeckte er, daß jeder große Muskel mit einem Körperorgan in Verbindung steht. Ist der Energiefluß eines Muskels schwach, so zeigt sich oft auch in dem dazugehörigen Organ ein Energieproblem.

Der Muskeltest, der von Dr. Goodheart entwickelt wurde, hilft, vom Körper Antworten zu erfragen. Die Antworten bedeuten «ja» oder «nein», je nachdem ob die Energiebahnen (Meridiane) des getesteten Muskels stark oder schwach testen. Der Muskeltest wird unter anderem genutzt, um Funktionsstörungen von Körperregionen zu lokalisieren. Die Methode wurde von dem australischen Psychiater Dr. Diamond weiterentwickelt, der den Zusammenhang zwischen Emotionen und dem Energiefluß der Meridiane herausarbeitete. Die Meridiane können wiederum durch bestimmte Akupressurpunkte beeinflußt werden. Vielleicht haben Sie die Gelegenheit, einen

Kinesiologen oder einen entsprechenden Kurs zu besuchen, wo Ihnen gezeigt wird, wie der Muskeltest richtig funktioniert.

Gehen wir einmal davon aus, daß wir schon sehr früh bestimmte Denkmuster und emotionale Eigenheiten erkennen lassen, die wir vielleicht aus früheren Leben mitbringen. Diese gehören zu den karmischen Mustern, die in diesem Leben zum Ausdruck kommen. Nehmen wir weiter an, daß unser Denken und Fühlen Einfluß auf unsere Energie hat. Wir wissen zum Beispiel, wenn wir unserer Lustlosigkeit nachgeben oder wenn wir in Selbstmitleid versinken, daß dann unser Energiepegel sinkt. Ebenso können wir unsere Energie drosseln, wenn wir uns nicht so akzeptieren, wie wir sind, und wenn wir unsere Selbstzweifel stärken.

Behandeln wir jetzt die den Organen und Energiebahnen zugehörigen Punkte mittels Akupressur, so können wir positiven Einfluß auf unsere Energien nehmen. Die aus dem Rhythmus gelangten Energien beginnen wieder harmonisch und im Einklang mit dem ganzen Körper zu fließen. Sie bringen den Organen neue Lebenskraft, und dies hat wiederum eine positive Wechselwirkung auf unser Fühlen und Denken.

Kommen wir nun zu den Bach-Blüten. Der englische Arzt Dr. Edward Bach nahm an, daß es bestimmte seelische Persönlichkeitstypen gibt, die zu bestimmten Reaktionen neigen. Da Konflikte zwischen Denken und Fühlen, Konflikte zwischen dem Ego und dem höheren Selbst nach Ansicht von Dr. Bach Krankheiten auslösen können, entwickelte er die 38 Blütenessenzen. Diese Bach-Blüten genannten Essenzen dienen als spirituelles Potential, um die höhere Ordnung wiederherzustellen, das heißt, sie helfen die Verbindung zum höheren Selbst zu reaktivieren. So können sie auf der seelisch-geistigen Ebene dazu beitragen, Krankheiten vorzubeugen und positiv auf bestehende Gesundheitsstörungen einzuwirken.

Die Selbsthilfe, die in diesem Buch angeboten wird, besteht

aus einer Kombination von Akupressur, Bach-Blütentherapie und Affirmationen. Daß diese Art von Therapie wirklich sehr viel Gutes bewirken kann, weiß ich aus eigener Erfahrung. Ich habe diese Methode in meiner Praxis in vielen Fällen mit großem Erfolg angewandt.

Die zusätzliche Anwendung von Affirmationen ist eine sehr wirkungsvolle Unterstützung. Es ist häufig erstaunlich, wie ein Meridian schon durch wenige Wiederholungen einer passenden Affirmation gestärkt werden kann. Dies kann durch den Muskeltest unmittelbar bestätigt werden. Um so wirksamer ist es, die Affirmationen über einen längeren Zeitraum zu praktizieren. Jedesmal wenn Sie den Akupressur-Punkt berühren oder sanft reiben, sollten Sie dazu Ihre bevorzugte Affirmation laut sprechen. Unterstützt durch die Anwendung der zugehörigen Bach-Blüten kann damit eine anhaltende gute Wirkung erreicht werden.

Gerade in unserer heutigen Zeit wollen wir nicht schon mit kleinen physischen und psychischen Problemen immer fremde Hilfe in Anspruch nehmen. Wir versuchen mehr und mehr, uns selbst zu helfen und damit ein gutes Stück unabhängig zu werden. Dennoch sind die in diesem Buch empfohlenen Hilfen kein Ersatz für ärztliche Diagnose und Behandlung. Im Zweifelsfall ist es unumgänglich, medizinische oder psychotherapeutische Hilfe in Anspruch zu nehmen. Die in diesem Buch aufgezeigten Methoden können jedoch begleitend eine Therapie unterstützen.

Emotionen und Wohlbefinden hängen mehr miteinander zusammen, als viele von uns denken. Wir wollen uns speziell mit unseren blockierten Emotionen beschäftigen. Wir wollen versuchen, diese so genau wie möglich zu erkennen und gegebenenfalls zu verwandeln. Wir alle kennen Zustände, in denen wir Gefahr laufen, von unseren Gefühlen überrollt zu werden und ihnen ausgeliefert zu sein. Bevor solche Zustände überhandnehmen, sollten wir uns nicht scheuen, professionelle Hilfe zu suchen.

In der tibetischen und chinesischen Medizin sind die Energiebahnen, die den Körper durchziehen, die sogenannten Meridiane, seit vielen Jahrhunderten bekannt. Akupunktur, Akupressur und Moxatherapie sind Methoden, die diese Energiebahnen zur Behandlung nutzen. Zweck der Therapie ist es, die blockierten Energien wieder zum Fließen zu bringen. Blockierte Energie bemerken wir unter anderem daran, daß wir emotional nicht mehr in unserer Mitte sind.

Nun hängen bestimmte Organe mit bestimmten Energiebahnen zusammen und diese wiederum mit bestimmten Emotionen. Dies hat sich der Psychiater Dr. John Diamond zunutze gemacht und daraus eine Form der Kinesiologie entwickelt, die wir heute als Psycho-Kinesiologie bezeichnen. Die Harmonisierung der Emotionen durch Bach-Blüten und Affirmationen zusammen mit der sanften Aktivierung der Akupressurpunkte wirkt sich harmonisierend auf die Meridiane aus. Dies hat dann den heilenden Einfluß auf die dazugehörigen Organe. Diese Methode hat nur positive Effekte und keinerlei negative Nebenerscheinungen.

Sie können einen Punkt behandeln, ohne ihn vorher ausgetestet zu haben, indem Sie den passenden, genau beschriebenen Punkt leicht drücken oder sanft reiben, die dazu beschriebene Bach-Blütenmischung auf dem Punkt einreiben und zusätzlich die Affirmation sprechen.

Nehmen Sie sich nicht zu viele Punkte auf einmal vor. Beginnen Sie mit einem Punkt, und erweitern Sie die Behandlung nach einer Woche, indem Sie den zweiten Punkt hinzunehmen. Behandeln Sie einen Punkt zirka vier Wochen lang. Dann legen Sie eine Pause ein und nehmen sich ein oder zwei andere Punkte vor. Die genauen Anleitungen finden Sie unter den entsprechenden Kapiteln.

Die angegebenen Bach-Blütenmischungen werden wie auch sonst üblich gemischt, das heißt, man gibt je drei Tropfen aus der Konzentratflasche (Essenz) in 30 ml stilles Mineralwasser. Sie sollten die Mischung im Kühlschrank aufbewahren, damit sie frisch bleibt. Für die äußere Anwendung ist es nicht zu empfehlen, die Mischung mit Alkohol anzusetzen, da der Alkohol die Haut austrocknet.

In jedem Kapitel zur Selbsthilfe ist kurz beschrieben, wie Sie den jeweiligen *Akupressurpunkt* finden können. In manchen Fällen sind es zwei Punkte für ein Organ. Diese können Sie dann jeweils zusammen behandeln. Wenn Sie bei der Behandlung eines Punktes nicht ganz sicher sind, so sollten Sie dabei folgendes berücksichtigen: Typischerweise sind Akupressurpunkte etwas empfindlicher als ihre Umgebung, insbesondere dann, wenn die Energie blockiert ist.

Sie finden außerdem die karmisch belastenden Eigenschaften, welche mit dem jeweiligen Akupressurpunkt zusammenhängen, das sind die *negativen Emotionen*. Wenn Sie den Akupressurpunkt sanft reiben oder drücken, werden diese in die *positiven Emotionen* verwandelt.

Zusätzlich finden Sie jeweils eine dazu passende Mischung von *Bach-Blüten* und verschiedene *Affirmationen*. Unter den Affirmationen können Sie diejenigen auswählen, welche Ihnen am meisten zusagen.

So können Sie die Therapie dann anwenden:

1. Täglich morgens und abends berühren Sie den oder die Akupressurpunkte leicht mit Ihren Fingern und halten den oder die Punkte drei bis fünf Atemzüge lang.
2. Zusätzlich verreiben Sie die passende Bach-Blütenmischung auf dem Punkt beziehungsweise den Punkten.
3. Während der Berührung sprechen Sie dazu, am besten laut, die ausgewählten Affirmationen.

Die genaue Lage des jeweiligen Akupressurpunktes finden Sie in den Abbildungen auf Seite 170.

169

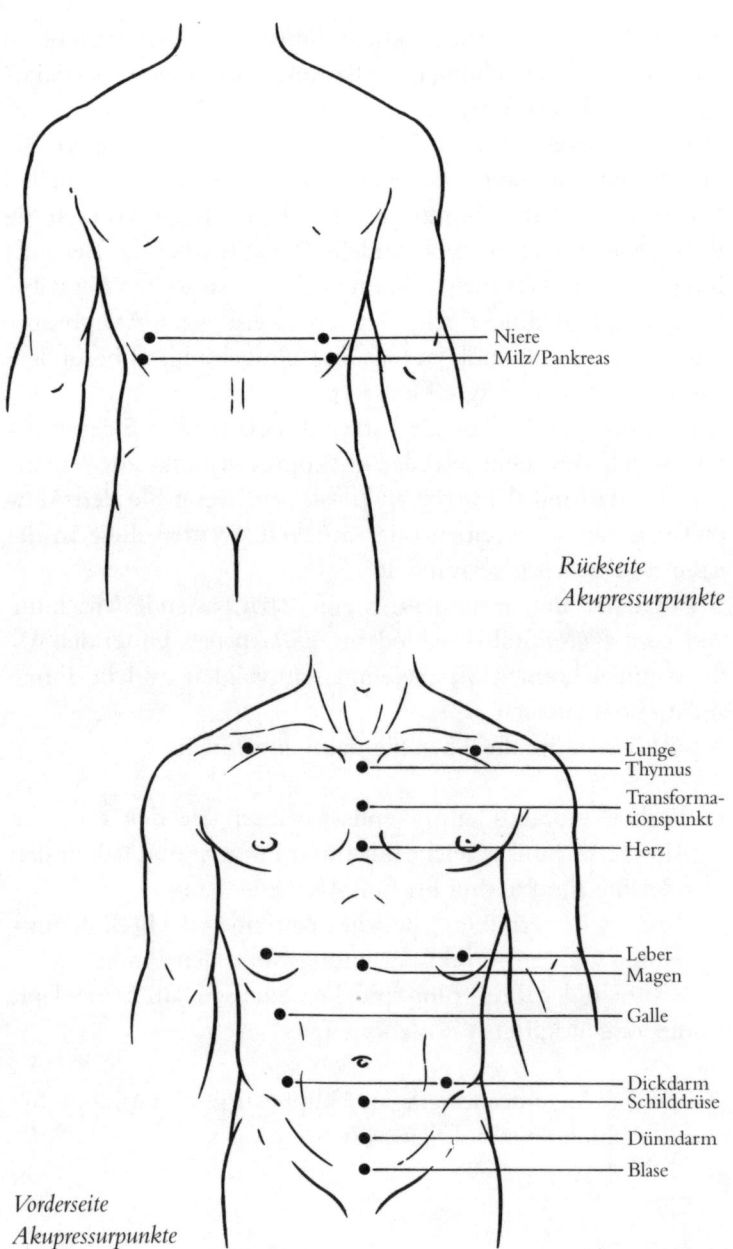

Niere
Milz/Pankreas

Rückseite
Akupressurpunkte

Lunge
Thymus

Transforma-
tionspunkt

Herz

Leber
Magen

Galle

Dickdarm
Schilddrüse

Dünndarm

Blase

Vorderseite
Akupressurpunkte

170

Die Thymusdrüse

Heutzutage wissen wir, daß die Thymusdrüse unsere Widerstandskraft stärkt, wenn sie selbst gesund und aktiv ist. Für Menschen, die eine schwache Thymusdrüse haben, kann dies eine jahrelange Tortur bedeuten: Andauerndes Kränkeln, immer wiederkehrende Erkältungen und Halsentzündungen können den Menschen von vielen Aktivitäten des Lebens fernhalten. Selbst die Schul- und Berufsausbildung kann dadurch beeinflußt werden.

Diese Widerstandsschwäche, die immer wieder Leistungen, Unternehmungen und Prüfungen verhindert, hinterläßt im Gemüt oft ein Gefühl von Mutlosigkeit. «Ich kann mich bemühen wie ich will, ich schaffe es doch nicht», denkt der Erkrankte irgendwann. Er traut sich immer weniger zu, und seine Toleranzgrenze für Streß sinkt tiefer und tiefer. Selbst kleinste Anstrengungen können dann übermäßigen Streß auslösen und werden letztlich gemieden.

Wir können im Leben sehr viel durch Übung erreichen. Selbst im Alter können wir unsere Muskeln noch trainieren. Ebenso steht es mit unserer Widerstandskraft, auch diese können wir trainieren. Eventuell nach Absprache mit dem Hausarzt können wir unserem Zustand entsprechende Übungen für die Muskeln und auch Nahrungszusätze finden, die uns langsam in einen gesünderen Zustand bringen.

Viel Bewegung an frischer Luft, bei jedem Wetter einen Spaziergang machen, das ist schon allein ein Heilmittel. Vielleicht sind Hundebesitzer deshalb gesünder, weil sie sich viel mehr an der frischen Luft aufhalten. Frisches Obst, Rohkost, das heißt lebendige Nahrung, täglich genossen, ist eine weitere Quelle unserer Gesundheit. Zur Not unterstützen auch Vitamintabletten den Körper. Doch sollten wir immer natürlicher, lebendiger Nahrung den Vorzug geben.

In der Astrologie wird die Thymusdrüse der Sonne zugeordnet. Die alten Griechen kannten diese Drüse schon und meinten, sie sei der Sitz der menschlichen Seele. Von den Medizinern wird die Thymusdrüse heute immer noch erforscht, sie hat ihren Sitz hinter dem Brustbein.

In der Kindheit und Jugend sorgt die Thymusdrüse für genügend Abwehrkräfte, und sie beeinflußt das Wachstum. Dann ist sie meist recht groß. Viele Ärzte glauben, daß sie beim Erwachsenen schrumpft und ihre Funktion einstellt. Dem ist aber nicht so; die Thymusdrüse reagiert auf Streß und schrumpft als Reaktion darauf. Da Erwachsene sehr viel mehr Streß als Kinder haben, ist ihre Thymusdrüse oft kleiner.

Wer kennt nicht Gefühle der Schwäche, des Abgespanntseins, der Mutlosigkeit. Wir können unsere Thymusdrüse aktivieren und spüren dann die belebende Wirkung. Wir können den Thymuspunkt zart klopfen, oder wir können Thymusextrakt einnehmen, sei es in Form von Dragees oder als Injektion. Auf jeden Fall wird unsere Lebenskraft dadurch aktiviert.

Wir haben alle schon erlebt, daß unsere Gedanken die Emotionen beeinflussen. Tragen wir vielleicht viele Jahre Haß und Groll mit uns herum, sind wir immer wieder neidisch, so beeinträchtigen wir die gesunde Funktion unserer Thymusdrüse. Die Lebensenergie fließt nicht mehr frei und liebevoll, sondern wird durch das negative Denken blockiert. Als Folge davon fühlen wir uns schwach und sind mißtrauisch gegenüber unserer Umwelt. Sind wir der Umwelt gegenüber nicht wohlwollend, sondern mißgünstig, so vermuten wir natürlich, daß die anderen auch uns gegenüber nicht wohlwollend sind.

Wir haben vielleicht das Gefühl, im Leben zu kurz gekommen zu sein. Unsere Kindheit war unerfreulich, unsere

Jugend war schwer, und auch jetzt als Erwachsene müssen wir uns mühsam durch das Leben kämpfen. Anderen fällt sozusagen alles in den Schoß: Reichtum, Schönheit, Gesundheit und vieles mehr. Dabei sehen wir das Leben nur durch unsere ganz persönliche, durch unsere Meinung gefärbte Brille an. Wir sind nicht objektiv, aber dafür undankbar. Eines Tages erkennen wir es und möchten daran etwas ändern. Was können wir tun?

Akupressur

Den Thymuspunkt finden Sie in der Mitte zwei Fingerbreit unter dem Brustbeinansatz.
Negative Emotionen: Mißtrauen, Schwäche, Mutlosigkeit.
Positive Emotionen: Vertrauen, Mut, Liebe.

Bach-Blüten

Centaury (Nr. 4): Man übernimmt Verantwortung für sein eigenes Wohlergehen.
Cerato (Nr. 5): Man vertraut auf die eigene innere Stimme.
Holly (Nr. 15): Schenkt Großzügigkeit, innere Sicherheit und Harmonie.
Sweet Chestnut (Nr. 30): Man überläßt sich der Führung Gottes.

Affirmationen

Ich bin liebevoll. Ich bin mutig. Ich bin dankbar.
Ich bin erfüllt mit grenzenloser Lebensenergie.

Der Transformationspunkt

Der Transformationspunkt hat karmisch mit dem Anhaften und Festhalten zu tun. Das Ansammeln ist eine Eigenschaft der Menschen aus frühesten Zeiten, als wir noch als Jäger und Sammler unser Dasein fristeten. Heutzutage sammelt der Mensch die unterschiedlichsten Dinge: Erinnerungen, Bierdeckel, Pokale, Verletzungen, die einem andere zufügten, Fotos, Arztberichte, Röntgenaufnahmen, Zinkbecher und vieles mehr.

Schon zu Buddhas Zeiten war das Sammeln und Anhaften, das Behaltenwollen von schönen Dingen, bei den Menschen ausgeprägt. Buddha erkannte, daß das Festhalten an Dingen, Ereignissen oder Menschen Enttäuschung und Leiden mit sich bringt. Er empfahl, das Loslassen zu üben und damit Gelassenheit zu entwickeln.

Auch Jesus warnte davor, sich unnötig Sorgen zu machen, ob die Speicher auch gefüllt seien, wenn doch Gott mitunter die Seele viel früher zu sich ruft, als man dachte. Das bedeutet, daß wir doch lieber zuerst «das Reich Gottes» suchen sollen und uns um die Gesundheit unserer Seele kümmern sollten. Oder wie Jesus sagt: «Lasse die Toten ihre Toten begraben.» Das bedeutet auch, daß wir ohne übertriebene Trauer und ohne Anhaften an Verstorbene leben sollen.

Je mehr wir loslassen können, desto besser können wir uns entspannen. Wir lernen, sein zu lassen. Wir überlassen Gott den Lauf des Lebens und lassen auch die Überzeugung los, daß wir alles bestimmen und immer die Zügel in der Hand behalten müssen.

In der Regel schleppt ein Mensch leider viel zuviel von seiner Vergangenheit mit sich herum. Er leidet immer wieder neu, wenn er an die Situationen von damals denkt, als er in seinen Gefühlen doch so schrecklich verletzt wurde. Die Erinnerungen bringen auch die Emotionen von damals wieder, frisch und unverbraucht. Das alte Leiden kann jederzeit wieder durchlebt werden.

Gerechterweise müssen wir aber sagen, daß es auch schöne Erinnerungen gibt. Gewiß werden manchmal kleine schöne Ereignisse aus der Vergangenheit glorifiziert und zu großen herrlichen Begebenheiten gemacht. Aber der Mensch ist ja ein seltsames Wesen und kann mit seinem Denken Zeiten durchqueren und sich mühelos an Ereignisse erinnern, die lange Zeit zurückliegen. Der Mensch kann sich auch an Erinnerungen hängen, richtig daran festhalten. «Damals» ist dann der Zauberschlüssel zu den Erinnerungen, die so schöne und auch wehmütige Gefühle hervorrufen.

Die Vergangenheit läßt manche Menschen nicht los, sei es negativ oder positiv. Irgendwie begreift der Mensch nicht, daß er loslassen und sich von all dem Erinnerungsballast befreien könnte. Wenn der Wunsch endlich erwacht, daß Sie sich von alten unangenehmen Erinnerungen freimachen wollen, arbeiten Sie mit dem Transformationspunkt. Aktivieren Sie ihn mit oder ohne Bach-Blütentropfen, sprechen Sie aber auf jeden Fall die Affirmationen dazu.

Akupressur

Den Transformationspunkt finden Sie in der Mitte vier Finger breit unter dem Brustbeinansatz.

Negative Emotionen: Man hängt an der Vergangenheit, Erinnerungen machen Angst.

Positive Emotionen: Entspanntheit, Gelassenheit, Großzügigkeit.

Bach-Blüten

Honeysuckle (Nr. 16): Die Vergangenheit wird als Lektion angenommen; schenkt neue Vitalität.

Pine (Nr. 24): Hilft, sich und anderen zu verzeihen und wieder Freude im Leben zu haben.

Wild Oat (Nr. 36): Schenkt Vertrauen und eine positive Einstellung zum Leben.

Affirmationen

Ich bin ruhig und entspannt.
Gelassenheit erfüllt mich.
Ich lasse los und bin frei.

Die Lunge

Unsere Lunge ist das Organ, das den Sauerstoff in unseren Körper bringt. Sie gehört zum Atemsystem des Körpers. Haben Sie schon einmal beobachtet, wie Sie atmen, wenn Sie sich bedrängt fühlen und unter Streß stehen? Wahrscheinlich ist Ihre Atmung dann sehr hoch und flach, vielleicht auch beschleunigt. Ihr Körper erhält durch die flache Atmung nicht genügend Sauerstoff und zeigt Ihnen diesen Zustand an durch ein Gefühl von Enge, Angst und größerer Empfindlichkeit. Er will sich vor weiterem Streß schützen, und er läßt Sie aggressiv auf weitere Reize reagieren. Sie müssen sich also schützen, und Ihr Unbewußtes wählt eine Lebensstrategie aus, die Ihnen zunächst Ihr Überleben sichert.

Theoretisch haben Sie die Wahl, Ihre Bedürfnisse zu erkennen und zu erfüllen. Praktisch stellen Sie Ihre Wünsche aber meist zurück. Auf die Dauer konditionieren Sie sich, so daß Sie verbal den anderen nicht vermitteln können, wann für Sie etwas nicht mehr stimmt. Sie internalisieren Ihre Probleme und damit verlagern Sie sie. Sie achten nicht auf Ihren Atem, sondern sind in Ihren Gedanken. Je mehr Sie grübeln, desto flacher atmen Sie und desto schlechter wird Ihr Körper mit Sauerstoff versorgt.

Die Unzufriedenheit des Körpers – er signalisiert Ihnen ja Sauerstoffmangel – kommt als Unzufriedenheit in Ihr Bewußtsein. Jetzt wird es aber nicht mehr auf den Körper bezogen, sondern allgemein auf das Leben. Die Asiaten sagen: «Ich atme, also bin ich.»

Versuchen Sie, Ihren Atem kennenzulernen, ihn zu beobachten, ihn fließen zu lassen, zu betrachten, wie Ihr Körper in seiner Weisheit von selbst den richtigen Rhythmus im Atmen findet. Beginnen Sie, indem Sie Ihrem Atem fünf oder zehn Minuten lang zuschauen. Besteht die Gefahr, daß Sie mit Ihren Gedanken abschwirren, zählen Sie einfach bei jedem Einatmen mit, bis Sie bei zehn angelangt sind. Dann beginnen Sie wieder von vorn.

Akupressur

Die Lungenpunkte liegen auf beiden Seiten in der Beuge der Schultern, etwa auf der Höhe des Thymuspunktes.
Negative Emotionen: Vorurteile, Aggressionen, man fühlt sich beengt.
Positive Emotionen: Zufriedenheit, Toleranz, innere Freiheit.

Bach-Blüten

Agrimony (Nr. 1): Harmonisiert Denken und Fühlen, schenkt Gleichmut und innere Ruhe.
Beech (Nr. 3): Hilft, Toleranz und Wohlwollen für sich und andere zu entwickeln.
Clematis (Nr. 9): Stellt die Verbindung zu den höheren Ebenen her.
Elm (Nr. 11): Schenkt dem Herzen Freude und gibt den Lebenssinn zurück.

Affirmationen

Ich bin zufrieden. Ich bin innerlich und äußerlich frei.
Ich lasse andere leben, wie sie es wollen.

Ich bin frei und habe die Freiheit, die ich anderen gebe.
Atmen ist Leben, ist Luft – Luft ist frei.
Atmen Sie ein mit dem Gedanken «Ich bin innerlich frei».
Atmen Sie aus mit dem Gedanken «Ich bin äußerlich frei».

Meditation

Diese Meditation hilft uns, mit anderen besser zu kommunizieren.

Gehen Sie in Ihre gewohnte Meditationshaltung. Legen Sie ein Foto von demjenigen Menschen, mit dem Sie Probleme haben, vor sich hin.

Gehen Sie in Gedanken an einen schönen Ort in der Natur, stellen Sie sich vor, daß dieser Mensch Ihnen gegenübersteht. Auf einmal spüren Sie, wie warmes, weiches strahlendes Licht auf Sie herabfließt, Sie umhüllt und völlig durchdringt. Verbunden mit diesem Licht ist ein Gefühl von tiefer Zufriedenheit, von Wohlwollen und Freude. Warten Sie, bis Sie jedes einzelne Gefühl deutlich in sich spüren.

Nach einer Weile wird Ihnen wieder bewußt, daß die andere Person Ihnen gegenübersteht. Sie strahlen aus Ihren Händen und Ihrem Herzen helles Licht auf Ihr Gegenüber. Sie umhüllen den anderen mit Licht und sagen: «Ich segne dich und sage dir, du bist ein Kind Gottes, ich wünsche dir Wohlergehen.»

Machen Sie das regelmäßig, und Sie werden erfahren, daß die Schwierigkeiten mit diesem Menschen sich nach und nach auflösen werden.

Das Herz

Ebenso wie die Thymusdrüse wird das Herz astrologisch der Sonne zugeordnet. Das Herz ist unser Lebensmotor, den wir im gesunden Zustand nicht wahrnehmen. Erst bei Überanstrengung oder Angst oder Krankheit, wenn es seinen Rhythmus ändert, kann es uns ins Bewußtsein kommen. Wir können auch beobachten, daß seelisch-geistige Tätigkeiten die Funktion des Herzens beeinflussen. Ob wir Gefühle unterdrücken oder frei äußern, hat einen Effekt auf unser Herz und damit auch auf unseren Kreislauf.

Engen wir uns durch auferlegte Hemmungen sehr ein, so kann unser Herz mit einer latenten dauerhaften Erregung reagieren, weil wir Energie in uns anstauen. Hohe Leistungsanforderungen, die verdrängt werden, können ebenso zu einem angespannten Kreislauf führen. Sind wir als Kinder aufgewachsen mit dem Anspruch der Eltern «Streng dich an, gib dein Bestes», so verinnerlichen wir diese Sätze und leben für den Rest unseres Lebens nach diesen Regeln. Oder wir sind so rebellisch, daß wir genau das Gegenteil davon tun. In jedem Fall wird unser Herz auf unser Verhalten reagieren.

Angst hat einen extremen Einfluß auf unser Herz. Angst vor Krankheit, vor Alleinsein, vor Armut und so weiter versetzt den Menschen in einen ständigen Spannungszustand, indem sein Körper unter einer ständigen erhöhten Adrenalinausschüttung leidet. Diese Spannung wird nicht durch körperliches Agieren abgebaut und hält das Herz in Dauerspannung, Unruhe und Angst. Daraus kann sich im Alter sogar Angina pectoris entwickeln. Das ist die Herzenge, wie es bei Nichtmedizinern heißt.

Wir haben keinen Einblick in unser Herz und keinen direkten Einfluß darauf. So empfinden wir es ein wenig wie Ausgeliefertsein an ein Organ, das mit uns machen kann, was es will. Das ist uns unheimlich, kann uns ängstigen und bei extremer Dysfunktion fast bis zur Panik führen.

Wir haben zum Beispiel auf einen Menschen eine Wut, weil er nicht das macht, was wir wollen und für richtig halten. Aber wir wollen den Menschen nicht verärgern und sagen ihm nichts von unserer Wut, sondern schlucken sie herunter. Wir unterdrücken die Wut und nehmen sie in unseren Körper hinein. Vielleicht wird uns ganz heiß vor Wut, und unsere Emotionen würgen uns. Wir machen innerlich dem anderen die größten Vorwürfe, möglicherweise bringen wir sie sogar verbal zum Ausdruck. Unser Herzschlag hat auf jeden Fall eine höhere Frequenz bei Ärger und Zorn, das Blut gerät in Wallung.

Ärger ist Gift für uns, unsere Seele und unseren Körper. Auch für unsere Umwelt sind Aggressionen nicht heilsam. Selbst wenn wir uns zusammennehmen und nichts sagen, verbreitet sich die Schwingung unserer Emotionen, ähnlich wie Delphine Echolote aussenden. Wir bekommen die Antwort auf unsere ausgesandten Schwingungen von unserer Umwelt wieder zurück. Nicht immer empfangen wir diese bewußt, dennoch werden sie von unserem Unbewußten empfangen.

Buddha, der als Mensch Erleuchtung erlangt hat, lehrt uns, mit allen fühlenden Wesen Wohlwollen zu entwickeln. Auch Jesus predigte die Liebe zu unseren Mitmenschen. Wohlwollen zu haben bedeutet verzeihen können, bedeutet zu akzeptieren, daß der andere so ist, wie er ist. Es bedeutet, das anzunehmen, was uns begegnet, eine Situation so zu nehmen, wie sie ist.

Wir möchten gerne frei sein, um das zu leben, was unsere Sehnsucht uns sagt. Viele Menschen nehmen sich die Freiheiten heraus, die sie anderen aber nicht zugestehen. Sicher wissen Sie, daß der neueste Trend aus den USA dahin geht, der emotionalen Intelligenz einen größeren Stellenwert einzuräumen als der intellektuellen Intelligenz. Es heißt nicht mehr, daß der IQ an erster Stelle steht, sondern der EQ. EQ bedeutet Emotions-Quotient.

Ist das Herz offen und fließen unsere Herzensenergien, so haben wir eine geistige Sonne in uns, die uns strahlen läßt. Andere sagen dann vielleicht, wir hätten eine gute Ausstrahlung.

Akupressur

Der Herzpunkt liegt am unteren Ende des Brustbeins.
Negative Emotionen: Ärger, Zorn, vorwurfsvolle und anklagende Haltung.
Positive Emotionen: Wohlwollen, verzeihende und großzügige Haltung.

Bach-Blüten

Chicory (Nr. 8): Macht selbstlos, schenkt für sich und andere Freiheit.
Heather (Nr. 14): Man findet Kraft und Zufriedenheit in sich selbst.
Holly (Nr. 15): Gibt Großzügigkeit, innere Sicherheit und Harmonie.
Rock Rose (Nr. 26): Mobilisiert äußerst starke Kräfte, stabilisiert innerlich.
Vervain (Nr. 31): Macht ruhig, weise, tolerant; schenkt Kraft zur Meisterschaft.

Affirmationen

Ich verzeihe und vergebe.
Ich bin voller Wohlwollen.
Mein Herz ist erfüllt von Liebe und Güte.

Die Leber

Wie schon oben beschrieben, ist die Leber unser wichtigster Filter im Körper. Ist die Leber durch zuviel Gifte überlastet, wird sie ihrer Aufgabe als Filter und Transformator nicht mehr gerecht, als Folge davon werden wir traurig, unzufrieden und depressiv. Gifte, sei es aus Medikamenten oder aus der Nahrung, überschwemmen unser Blut. Wir fühlen uns dann schlecht. Auf der einen Seite reagieren wir vielleicht überempfindlich auf Reize, die von außen auf uns einwirken. Wir ertragen die zu starken Gefühle der anderen nicht so gut, unser Körper reagiert anders als normalerweise. Wir werden überempfindlich gegenüber Alkohol, fritiertem Essen, Kaffee und anderen Nahrungsmitteln.

Gerne möchten wir, wie die anderen, Parties feiern, Grillparties, Sektparties, jede Art von Festen. Aber wir wissen, daß uns das nicht bekommt. Also halten wir uns zurück, oder wir ziehen uns sogar ganz von den anderen zurück. Nicht selten überkommt uns das Gefühl, im Leben irgendwie benachteiligt zu sein: «Die anderen können alles machen, ich aber nicht.» Ganz tief im Inneren kann sich auch Neid regen. Nun wissen wir, daß unsere Leber für uns lebensnotwendig ist. Lernen wir, mit ihr sorgsam und liebevoll umzugehen, so wird sie uns auch liebevoll versorgen.

Menschen, die Probleme mit ihrer Leber haben, sind häufig unzufrieden. Leider geben sie nur allzuoft den anderen die Schuld dafür: «Hätten meine Eltern mich in der Kindheit mehr geliebt, wäre ich jetzt glücklicher. Würde mein Chef mich besser behandeln, wäre mir wohler. Hätte ich eine stabile Gesundheit gehabt, hätte ich studieren können und wäre heute erfolgreich.» Die Verantwortung für das eigene Wohlergehen wird nicht akzeptiert, und darum auch nicht praktiziert. Die Verantwortung wird auf andere abgeschoben. Man hat einen Groll auf die anderen, weil diese nicht genug tun, damit es einem gutgeht.

Wir können davon ausgehen, daß eine geschwächte Leber die Lebenskraft reduziert und sich dadurch auch auf Denken, Fühlen und Verhalten auswirkt.

Die Leber wird astrologisch mit dem Jupiter in Verbindung gebracht. Jupiter ist das Symbol für Gerechtigkeit, Wohlergehen und Wohlwollen. Im übertriebenen Sinne kann Wohlwollen zur Jovialität führen. Jupiter ist ein römischer Gott, der dem Zeus der Griechen entspricht. Jupiter war Herrscher über alle Orte, in denen der Blitz eingeschlagen hatte. Jupiter schleuderte, als Zeichen seiner Macht, Blitze auf die Erde. Jupiter sorgte für eine gute Weinlese. Er war auch der Hüter abgeschlossener Verträge. Wie es sich für einen Gott geziemt, ranken sich viele Legenden um seine Person. Er war ein sinnenfroher Gott und genoß sein Leben, die Liebe, gutes Essen und Trinken. Andererseits war er durchaus streng und gerecht, aber auch jähzornig.

Ist es nicht immer noch unser aller Wunsch, zufrieden und glücklich durch das Leben zu gehen?

Akupressur

Die Akupressurpunkte der Leber liegen rechts und links oberhalb des Rippenbogens auf der Linie der Brustwarzen.
Negative Emotionen: Man ist depressiv, scheu, überempfindlich, fühlt sich zu kurz gekommen.
Positive Emotionen: Man fühlt sich zuversichtlich, gelassen, großzügig, energievoll.

Bach-Blüten

Beech (Nr. 3) Stärkt Wohlwollen und Toleranz für sich und andere.

Chicory (Nr. 8): Selbstmitleid verschwindet, und innere Freiheit entsteht.

Gorse (Nr. 13): Hilft den Glauben an das Leben wiederzuentdecken.

Hornbeam (Nr. 17): Man findet im Leben wieder einen Sinn.

Mustard (Nr. 21): Die Seele erfährt Frieden und Freude und kann durch nichts irritiert werden.

Affirmationen

Gelassenheit erfüllt mich.
Ich bin zufrieden.
Ich bin voller Energie.
Ich bin wohlwollend und großzügig.
Ich habe Vertrauen.

Machen Sie diese Übung mindestens zwei bis vier Wochen lang oder möglichst so lange, bis Sie eine deutliche Besserung spüren. Unabhängig davon können Sie die folgende Heilmeditation so oft machen, wie Sie das Bedürfnis danach haben.

Heilmeditation

Setzen Sie sich an einen ruhigen Ort, an dem Sie nicht gestört werden. Halten Sie den Rücken aufrecht. Die Ohren sollten über den Schultern sein, die Nase und das Kinn über der Höhe des Bauchnabels. Atmen Sie langsam, ruhig, lassen Sie Ihren Körper atmen. Beobachten Sie das Ein- und das Ausatmen. Mit jedem Atemzug werden Sie entspannter.

Nach einer Weile richten Sie Ihre Aufmerksamkeit auf Ihre Leber. Diese liegt hinter dem rechten Rippenbogen. Gehen Sie mit Ihrem Gefühl, Ihrem Bewußtsein in das Organ hinein. Mit etwas Geduld bekommen Sie vielleicht sogar ein inneres Bild von Ihrer Leber. Sagen Sie der Leber, daß es Ihnen leid tut, wenn es ihr schlechtgeht, und erklären Sie sich bereit, alles zu tun, was der Leber hilft, wieder gesund zu werden.

Imaginieren Sie dann leuchtende, intelligente Helferzellen, die in die Leber eindringen und das harte kranke Gewebe abtragen. Unter dem harten Gewebe ist neues, junges, weiches Gewebe, das sich nach und nach vermehrt, bis die Leber wieder voll funktionsfähig ist.

Machen Sie diese Meditation so oft Sie können, und bedanken Sie sich nach jeder Meditation bei Ihrer Leber dafür, daß ihre Zellen so weise arbeiten und die Gesundheit und das Wohlbefinden jeden Tag zunehmen.

Seien Sie geduldig mit Ihrem Körper. Dieser Prozeß verträgt keine Eile. Machen Sie sich jeden Tag eine Freude. Stellen Sie sich ein paar Blumen auf den Tisch, hören Sie schöne Musik, lesen Sie etwas, das Ihnen Freude macht. Pflegen Sie Kontakte zu lebensfrohen Menschen. Kleiden Sie sich in schöne Farben. Ein kleines bißchen Freude ist wie ein Sonnenstrahl, der die Dunkelheit vertreibt.

Der Magen

Der Magen wird astrologisch dem Mond zugeordnet. Der Mond nimmt mit schöner Regelmäßigkeit ab und zu. Es gibt Menschen, denen es genau so geht. «Mir ist etwas auf den Magen geschlagen» – haben Sie diesen Satz auch schon gehört? Aufregungen können uns auf den Magen schlagen. Manche Menschen empfinden aggressive Worte von anderen wie einen Faustschlag in den Magen.

Unser Magen ist ein äußerst sensibles Organ und ähnelt in gewisser Hinsicht einem Seismographen. Reagieren wir auf Äußerungen unserer Umwelt, so ist unser Magen immer mitbeteiligt. Wir können auf Menschen und Situationen «sauer» sein. Unser Magen produziert dann mehr Säure als normalerweise nötig wäre.

Ist unser Magen erst einmal übermäßig empfindlich, so beeinflußt diese Empfindlichkeit unser weiteres Verhalten. Wir reagieren empfindlicher, wir fühlen uns schneller abgelehnt, wenn unsere Argumente kritisiert werden, geschweige denn, jemand kritisiert uns und unser Verhalten. Die Reaktionen eines Menschen mit empfindlichem Magen können sehr schnell wechseln.

Frustrationen gehören zu jedem Menschenleben. Ein «Magenmensch» bekommt ein leeres Gefühl im Magen, sobald er unter Frustration leidet. Natürlich lösen Frustrationen auch Streß aus. Je weniger Kapazität der Mensch hat, Streß zu verarbeiten, desto größere Probleme wird ihm der Magen machen.

Der Mensch kann die innere Balance nicht finden und pendelt zwischen Gefühlen von Haben-Wollen, Leere und Übelkeit wegen Überfülle hin und her. Das Gefühl der Leere ist wie ein Hunger. Aber der Mensch erkennt nicht, woran es ihm wirklich mangelt. Der Magen gibt nur ein Signal: Leere. Das wird als Hunger auf Essen interpretiert. Dabei kann es ein ganz anderer Hunger sein, ein Hunger nach Liebe, Wohlwollen, Gelassenheit, Geborgenheit…

Jeder Frust, jede Enttäuschung, die ein Gefühl von Leere im Magen erzeugt, wird dann mit Essen zugedeckt. Die Probleme werden mit Essen zugeschüttet, der Mensch nimmt an Gewicht zu und schafft sich ein Ersatzproblem, welches eines Tages allerdings ganz massiv werden kann.

Akupressur

Den Magenpunkt finden Sie in der Mitte zwischen dem unteren Ende des Brustbeins und dem Nabel.
Negative Emotionen: Nervosität, Enttäuschtsein, Gefühl von Leere, Frustration.
Positive Emotionen: Gelassenheit, Zufriedenheit, Erfüllung.

Bach-Blüten

Aspen (Nr. 2): Hilft, sich zu zentrieren, und gibt mutiges Vertrauen in Gott.
Chestnut Bud (Nr. 7): Verhilft zu geistiger Regsamkeit und Konzentration.
Rock Water (Nr. 27): Hilft, sich seines eigenen Wertes bewußt zu werden.

Affirmationen

Ich bin zufrieden. Ich bin satt.
Ich bin erfüllt von Leben und Freude.
Gelassenheit erfüllt mich.

Die Galle

Heftige Reaktionen unserer Mitmenschen sind nicht leicht zu ertragen. Derjenige, der heftig reagiert, ist auch nicht zu beneiden. Ihm kocht die Galle über. Jähzornige Typen kommen uns in den Sinn, Romanfiguren, knorrige, alte Bauern, die immer einsamer werden, weil kein Mensch es mit ihnen aushält. Ihre Kinder sind schon enterbt, und die Frau ist vor Kummer gestorben.

Menschen, bei denen die Galle zuviel Säure ausschüttet, sind latent gereizt. Schon die Fliege an der Wand kann ein Auslöser für einen Wutausbruch sein. Kleine Anlässe werden als Gelegenheit genommen, um die latente, schwelende Wut herauszulassen. Überreaktionen dieser Menschen werden von allen anderen gefürchtet.

Sind es die aggressiven Gedanken, die die Galle reizen? Schlucken die Menschen zuviel an Verletzungen und Demütigungen? Rebellieren die verinnerlichten aggressiven Energien irgendwann in einem Organ ihres Körpers? Der Volksmund sagt: «Er spuckt Gift und Galle», das heißt, er schimpft und streitet, ist gehässig und unversöhnlich. Am schlimmsten sind die Anfälle von Jähzorn.

Ein Mensch, der liebt, der voller Wohlwollen für andere ist, verkörpert das genaue Gegenteil. Das wirklich Schlimme ist, daß ein Mensch sich nicht selbst davonlaufen kann. Der Jähzornige ist sein Leben lang mit sich zusammen und leidet unter sich und den Reaktionen, die er durch seine Art und Weise bei seiner Umwelt auslöst. Im tiefsten Innern hat jede Seele Sehnsucht nach Harmonie, natürlich auch die Seele des Jähzornigen.

Was ist zu tun? Natürlich ist es hilfreich, den Gallenpunkt zu behandeln.

Akupressur

Der Gallenpunkt liegt rechts am Ansatzpunkt der neunten Rippe am Rippenbogen.

Negative Emotionen: Aggressivität, Gereiztheit.

Positive Emotionen: Wohlwollen, Harmonie, Versöhnlichkeit.

Bach-Blüten

Cerato (Nr. 5): Man behält in allen Situationen die Fassung und ist innerlich sicher.

Mustard (Nr. 21): Die Seele erfährt Frieden und Freude und kann durch nichts irritiert werden.

White Chestnut (Nr. 33): Innere Ruhe und Ausgeglichenheit schenken Frieden.

Wild Oat (Nr. 36): Man lebt ein Leben voller Freude und Erfüllung.

Affirmationen

Ich bin erfüllt mit Wohlwollen für alle fühlenden Wesen.

Harmonie und Wohlwollen führen mein Leben.

Ich lasse zu, ich lasse sein. Alles ist gut, wie es ist.

Milz und Pankreas

Milz und Pankreas (Bauchspeicheldrüse) unterstehen, wie die Leber, dem Planeten Jupiter. Ängste, Unsicherheit und mangelndes Selbstwertgefühl bestimmen das Denken eines Menschen, dessen Energie im Milz-Pankreas-Punkt blockiert ist.

«Wer weiß, was die Zukunft noch alles Schreckliches bringen wird. Das kann ja nicht gut gehen. Die Grausamkeiten in der Welt nehmen jeden Tag zu. Man ist all dem schutzlos ausgeliefert.» So oder ähnlich sind die Gedanken, die einem solchen Menschen durch den Kopf gehen. Oft sind es nicht einmal die Gedanken, sondern es ist das Gefühl, hilflos einem unberechenbaren Schicksal ausgeliefert zu sein, das unbewußt das Leben begleitet.

Die Unsicherheit ist einer der Begleiter: mangelndes Vertrauen in die eigenen Fähigkeiten, die Angst, auf irgendeine Weise zu versagen. Gedanken sind Mächte und Kräfte. Was geschieht also? Dadurch, daß der Mensch sich in Gedanken ausmalt, was alles schiefgehen könnte, erschafft er sich genau das, wovor er Angst hat und was er vermeiden will.

Wir wissen, wer unsicher ist, reagiert oft aggressiv. Nur machen wir uns durch aggressives Verhalten keine Freunde. Reagieren dann andere auf uns energisch oder sogar mit Aggression, so löst das eine neue Welle von Unsicherheit in uns aus. Wir finden uns in einem Teufelskreis wieder. Wie so oft können wir, wenn wir nach den Ursachen forschen, diese in der Kindheit finden. Es ist wirklich wichtig, die Ereignisse der

Kindheit aufzuarbeiten, am besten mit Hilfe eines Therapeuten. Wie können wir Vertrauen in andere Menschen haben, wenn wir kein Vertrauen in uns selbst haben? Selbstvertrauen zu haben bedeutet doch, daß wir auf unsere innere Stimme hören, uns auf die göttliche Führung verlassen und uns selbst so verhalten, wie wir es uns von den anderen wünschen. Erst wenn wir uns vertrauen, haben wir eine feste Grundlage, auch anderen zu vertrauen. Uns zu vertrauen bedeutet aber nicht, unserem Ego zu vertrauen, sondern eben vielmehr unserem höheren Selbst, welches göttlich ist.

Der Milz-Pankreas-Meridian erzeugt im blockierten Zustand ein Gefühl der Schwäche und Unsicherheit. Die Betroffenen wissen nicht, wie die Ergebnisse ihrer Arbeit ausfallen werden, weil sie unbewußt immer Rückschläge miteinkalkulieren. Sicherheit, Kraft und Vertrauen in die Zukunft sind Ziele für den Menschen, wenn diese Blockaden gelöst sind und die Energie frei fließen darf.

Akupressur

Die Akupressurpunkte für Milz und Pankreas liegen im Rücken rechts und links an der Spitze der zwölften Rippe.
Negative Emotionen: Angst vor der Zukunft, Schwäche, man erwartet Rückschläge.
Positive Emotionen: Kraft und Vertrauen in die Zukunft, Selbstvertrauen.

Bach-Blüten

Agrimony (Nr. 1): Gleichmut und Ruhe erfüllen den Menschen.
Gentian (Nr. 12): Voller Gottvertrauen wird das Leben akzeptiert.

Oak (Nr. 22): In allen Situationen sind Mut und Ausdauer vorhanden.
Wild Rose (Nr. 27): Mit viel Lebenswillen wird die Zukunft geschätzt.

Affirmationen

Ich lebe voller Vertrauen jetzt und in der Zukunft.
Ich ruhe in mir, Gott führt mich, ich bin sicher in allen Lebenslagen.

Die Niere

Die Venus ist in der Astrologie der Planet, der der Niere zugeordnet ist. Venus hat auch mit Liebe und Sexualität zu tun.

Wenn wir mit einem Menschen sexuell verkehren, mit dem wir nicht in seelischer Harmonie sind, bekommen wir auf die Dauer ein Gefühl der Ambivalenz. Selbst in einer langjährigen Ehe gibt es immer wieder Höhen und Tiefen, Zeiten der Nähe und Zeiten, wo jeder es vorzieht, eine Weile für sich zu sein. Nach einer Zeit der Abstinenz ist es durchaus reizvoll, sich dem Partner wieder wie neu, ganz vorsichtig und langsam zu nähern.

Der spontane Sex wird eher von Männern bevorzugt, so sagt man jedenfalls. Frauen brauchen eine Zeit der Einstimmung, die, ich gebe es zu, manchmal recht lange Zeit in Anspruch nehmen kann. Jede sexuelle Unschlüssigkeit, jede nicht eindeutige Haltung zum Partner schwächt die Nierenenergie. Das Venusprinzip schenkt die Lust in der Liebe, wenn die Lust nicht gehemmt ist. Sonst kann die Energie blockiert werden und zu allerlei Problemen mit den Nieren führen, wie zum Beispiel zu Nierensteinen.

Beachtet ein Mann lange Zeit seine Partnerin nicht und will dann plötzlich wieder mit ihr schlafen, so läßt sie es vielleicht über sich ergehen, innerlich aber bleibt sie indifferent. Sie hätte eine Zeit der Zärtlichkeit und Aufmerksamkeit davor viel lieber gehabt. Manchen Männern ist es auch egal, ob die Partnerin ihre sexuelle Erfüllung findet. Wenn die Frau durch Jahre hindurch keinen Orgasmus hat, wird sie eines Tages keine Lust mehr auf Sex empfinden, weil die Sexualität ihr nie Höhepunkte beschert hat.

Wenn eine Frau viele Jahre lang nur ihrem Partner zuliebe sexuell aktiv ist, sagt ihr Körper irgendwann: «Nein, ich kann nicht mehr.» Vielleicht wird sie durch ein kurzes Vorspiel immer wieder verlockt, doch der Höhepunkt bleibt aus. Die Enttäuschung speichert sich in ihrem Körper und natürlich im Nierenmeridian. Die Energie des Nierenmeridians blockiert immer mehr die Energie und hält sie zurück. Auf die Dauer kann das auch zu nervlicher Gereiztheit führen.

Sicher gibt es auch Männer, die sexuell gehemmt und verklemmt sind und die die Sexualität auf das allernötigste Minimum beschränken. Mit sich in Harmonie zu leben bedeutet auch, mit seinen sexuellen Energien in Harmonie zu sein. Gibt Ihnen niemand die Zärtlichkeit, die Ihr Körper braucht, so geben Sie sie ihm selbst. Gönnen Sie sich ein duftendes warmes Bad, eine sanfte Massage, geben Sie sich die Streicheleinheiten, wenn es kein anderer tut.

Akupressur

Der Akupressurpunkt der Niere befindet sich beidseitig im Rücken an der Spitze der elften Rippe.
Negative Emotionen: Unschlüssigkeit, sexuelle Ambivalenz.
Positive Emotionen: Die sexuellen Energien sind im Gleichgewicht.

Bach-Blüten

Cherry Plum (Nr. 6): Man bleibt trotz größter Schwierigkeiten innerlich gesund.
Olive (Nr. 23): Schenkt neue Energien und Lebensfreude.

Pine (Nr. 24): Man verzeiht sich und anderen. Man bekommt Freude am Sex.

Rock Water (Nr. 27): Hilft, sich seines eigenen Wertes bewußt zu werden.

Vervain (Nr. 31): Man setzt seine Energien sinnvoll ein und ist tolerant und ruhig.

Affirmationen

Meine sexuellen Energien sind in Harmonie.
Ich bin mit allen meinen Energien im Gleichgewicht.

Die Schilddrüse

Wenn Sie einige der unten genannten negativen Emotionen empfinden, so heißt das nicht, daß Ihre Schilddrüse eine Über- oder Unterfunktion hat. Es bedeutet vielmehr, daß der betreffende Meridian blockiert ist und die dazugehörige Energie nicht frei fließen kann.

Wer depressive Zustände noch nicht am eigenen Leib, oder besser gesagt am eigenen Gemüt erfahren hat, macht sich keine Vorstellungen, wie das ist. Natürlich ist man als Angehöriger eines Depressiven ebenfalls massiv betroffen. Man bekommt schnell ein Gefühl der Hilflosigkeit, weil man liebe Menschen leiden sieht, und man kann nicht helfen. Alles, was man an Hilfsmöglichkeiten anbietet, wird abgelehnt. Doch der Betroffene selbst, wie geht es ihm?

Wenn der Schilddrüsenpunkt schwach testet, ist sehr oft eine schwache Unterfunktion der Schilddrüse gegeben. Die genaue Abklärung muß der Arzt vornehmen. Wir sprechen hier von Betroffenen, die nach drei- bis vierwöchiger Eigenbehandlung wieder voller Lebensfreude und Zuversicht waren und die sich sozusagen selbst geheilt haben. Selbst bei schweren Depressionen, die ärztliche Hilfe und eine medikamentöse Behandlung erfordern, kann diese spezielle Punkt-Akupressur unterstützend wirksam sein.

Menschen sind so vielseitig und interessant; jeder ist im Aussehen und Verhalten anders, und doch gibt es auch viele Gemeinsamkeiten. Es gibt Mitmenschen, die ausgesprochene Kämpfer sind. Jedes Problem wird analysiert, angenommen und als Möglichkeit zu neuen Erfahrungen angesehen. «Widerstände sind zum Überwinden, zum Kämpfen und Siegen da» ist ihre Devise.

Andere Menschen machen sich ihre «heile, schöne Welt», sie haben eine Abneigung gegen Kämpfe. Es ist ein unnötiger Krafteinsatz zu kämpfen, so denken sie. Also vermeiden sie die Auseinandersetzung mit Problemen. Ja, sie schieben sie beiseite und merken nicht, daß die Probleme ihnen dann nur im Rücken sitzen und hartnäckig auf ihre Lösung warten.

Ungelöste Probleme verursachen Unruhe. Diese Unruhe veranlaßt uns dann, Abwechslung, Anregung, Arbeit, Fernsehen und andere Ablenkungen zu suchen, nur um nicht zur Ruhe zu kommen und dann mit unserem Problem konfrontiert zu werden. Mancher übertrieben fröhliche Party-Löwe ist in seinem Wesen einsam. Nur hat er Angst vor dieser Einsamkeit und flüchtet daher lieber in oberflächliche Hektik.

Nun, man kann niemanden zwingen, sich mit seinen Konflikten auseinanderzusetzen. Und selbst wenn der Wille dazu vorhanden ist, brauchen viele Menschen professionelle Unterstützung. Wie soll man einem Menschen, der «im schwarzen Loch sitzt», der kein Gefühl mehr hat oder die Last der ganzen Menschheit auf sich als Druck spürt, klarmachen, daß auch er sich eines Tages wieder wohlgemut durch das Leben bewegen kann? Er hört die Worte, aber er kann im Moment nicht daran glauben.

Akupressur

Der Akupressurpunkt der Schilddrüse liegt vier Finger breit unter dem Bauchnabel.
Negative Emotionen: Unruhe, Depressionen, Trauer, Einsamkeit.
Positive Emotionen: Zuversichtlich, Wohlgemut.

Es besteht eine direkte Verbindung zwischen dem Lungen- und dem Schilddrüsenmeridian. Testet der Schilddrüsenpunkt schwach, so sollte immer auch der Lungenpunkt gestärkt werden.

Bach-Blüten

Gentian (Nr. 12): Schenkt die Überzeugung, daß man alle Schwierigkeiten überwinden kann.
Star of Bethlehem (Nr. 29): Gibt Kraft, mit den Veränderungen des Lebens gut fertigzuwerden.
Sweet Chestnut (Nr. 30): Der innere Ruf nach Hilfe wird gehört, Wunder geschehen.
Willow (Nr. 38): Erweckt die Freude am Wohlergehen anderer und am Leben. Der Humor erwacht wieder.

Affirmationen

Ich bin voller Zuversicht.
Ich fühle mich leicht und frei.

Der Dickdarm

Astrologisch gesehen ist beim Dickdarm wie auch beim Magen
der Mond zuständig. Wer denkt schon immer daran, daß «alles
Übel im Darm sitzt»? Was hat Verstopfung damit zu tun, daß ich
mich unwert fühle? Ist mein mangelndes Selbstwertgefühl daran schuld, daß ich unter Verstopfung leide? Fühle ich mich arm,
schlecht oder unrein? Es gibt Menschen, die sich von Grund
auf schlecht fühlen, und sie machen sich ein schlechtes Gewissen wegen jeder Nichtigkeit.

Vielleicht wurde ihnen in der Kindheit wenig Liebe und
Aufmerksamkeit zuteil. Eine innere Stimme sagt ihnen immer
wieder: «Ich bin es nicht wert, geliebt zu werden.» Dieses
Gefühl wird zu einem Grundgefühl, das hinter allem steht.
Dementsprechend hegen diese Menschen ein ziemlich starkes
Mißtrauen anderen gegenüber, die ihnen Liebe und Wohlwollen entgegenbringen, weil sie Angst haben, früher oder
später doch wieder, wie in der Kindheit, enttäuscht zu werden.

Ein gravierender Faktor der Energieblockaden des Dick-
darms sind Schuldgefühle, die häufig jahrelang gehegt und
gepflegt werden. Gedanken wie «Hätte ich doch damals...»
sind den Menschen mit diesen Energieblockaden vertraut. Die
kritische verinnerlichte Stimme des Eltern-Ichs oder Über-
Ichs redet dem Patienten Schuldgefühle für die unmöglichsten
Dinge ein. Manchmal kommt dann noch eine Tendenz zur
Selbstbestrafung hinzu.

Menschen, die sich auf irgendeine Weise arm vorkommen,

halten Energien und Emotionen zurück. Sie halten sich ebenfalls mit ihrem Geld zurück, denn letztlich ist Geld auch eine Form von Energie. Diese Neigung, Dinge zurückzuhalten, schlägt dann auch auf den Darm. Die Darmschlacken werden oft extrem lange festgehalten.

Menschen, die in ihrem Beruf viel leisten und doch nicht auf den berühmten «grünen Zweig» kommen, was ist mit denen los? Woran kann das liegen? Manche sagen sich unbewußt: «Meiner Mutter oder meinem Vater ist es im Leben nie gelungen, reich zu werden. Ich verdiene es nicht, daß es mir besser geht als ihnen.» So bleiben sie die gehorsamen Kinder ihrer Eltern, obwohl sie inzwischen vielleicht schon vierzig oder fünfzig Jahre alt sind.

Dieses Gefühl, kein Recht darauf zu haben, daß es einem bessergeht als den Eltern, drängt sich in den Vordergrund. Es wird nicht zugelassen, daß man vielleicht glücklich sein könnte. Geht es einem doch einmal gut, steigen Schuldgefühle auf und man plagt sich aufs neue. In der Transaktionsanalyse gibt es den Ausspruch: «Ich bin o.k., du bist o.k.» Wenn die Dickdarm-Energie gestaut ist, ist es angebracht, dieses «Ich bin o.k.» zu realisieren.

Meditationen auf die Essenz eines jeden Menschen können zu der Erkenntnis des innersten Wesens und Werts des Menschen führen. Im Innersten ist jeder Mensch rein und gut, er hat den «göttlichen Funken» in sich. Also kann jeder von uns einmal zu der Einsicht gelangen: «Ich bin rein und gut.» Er sorgt dann selbst für sein Wohlergehen und kann mit Freuden die kleinen und großen Wohltaten des Lebens annehmen und genießen.

Akupressur

Die Dickdarmpunkte liegen rechts und links etwa 6 cm seitlich und zwei Finger breit unterhalb des Bauchnabels.

Negative Emotionen: Mangelndes Selbstwertgefühl, Schuldgefühle, Zwangsverhalten.
Positive Emotionen: Positives Selbstwertgefühl, man ist fürsorglich zu sich selbst.

Bach-Blüten

Olive (Nr. 23): Schenkt neue Energien und Lebensfreude.
Rock Rose (Nr. 26): Nimmt Angst und schenkt Mut.
Vervain (Nr. 31): Man setzt seine Energien sinnvoll ein und ist tolerant und ruhig.
Water Violet (Nr. 34): Läßt die Energien fließen, macht zufrieden.

Affirmationen

In meinem tiefsten Wesen bin ich göttlich.
Mein Wesen ist rein und gut.
Ich liebe, und ich bin es wert, geliebt zu werden.

Der Dünndarm

Kennen Sie einen Menschen, der Probleme mit dem Dünndarm hat, oder sind Sie selbst vielleicht betroffen? Die Belastungen, die durch diese Art von Krankheit entstehen, sind für das Gemüt gravierend.

Warum empfinden viele Menschen ihr Leben als belastet und schwer und traurig? Natürlich gibt es in jedem Leben Zeiten, die einen belasten, es gibt traurige und streßige, aber auch erfreuliche und beglückende Ereignisse. Vielleicht gibt es in manchen Leben mehr spektakuläre Ereignisse als in anderen. Doch ich meine, daß es für jeden Menschen viele kleine Gründe gibt, die ihm Freude machen können.

Schauen Sie jetzt einmal aus dem Fenster. Was sehen Sie? Welche Farben nehmen Sie wahr? Können Sie den Himmel sehen? Vielleicht fliegt gerade ein Vogel vorüber. Weht draußen ein Wind? Haben Sie vielleicht einen Baum vor Ihrem Fenster und können beobachten, wie der Baum im Wind tanzt? Seine Äste und Blätter tanzen und wiegen sich im Rhythmus des Windes. Atmen Sie tief durch, und lassen Sie den Wind in sich hinein, und wiegen Sie sich mit ihm.

Astrologisch untersteht der Dünndarm dem Mond, ebenso wie Magen und Dickdarm. Der Mond ist das Symbol der Gefühle. Emotionen der Sehnsucht durchströmen uns, und gleichzeitig wissen wir vielleicht nicht einmal, wonach wir Sehnsucht haben – die Sehnsucht als Grundgefühl. Gleichzeitig steigt Traurigkeit in uns auf, weil diese Sehnsucht nicht ihre Erfüllung finden kann.

Traurigkeit läßt Tränen fließen. Nicht immer brauchen Menschen einen Grund zum Weinen. Sie geben einfach ihrer inneren Traurigkeit nach, und die Tränen fließen. Weinen erleichtert das Gemüt und entspannt. Es ist bekannt, daß ein Asthmakranker, der einen Anfall hat, diesen beenden kann, wenn ihm die Tränen kommen, weil das für ihn eine große Entspannung bedeutet.

Kennen Sie auch Menschen, die an vergangenen, traurigen Erlebnissen festhängen? Gehören Sie vielleicht selbst dazu? Immer wieder werden die Erlebnisse hervorgeholt, neu belebt, so daß man sich dann erneut in tiefer Traurigkeit wiederfindet. Manchmal kann dabei auch ein bißchen Selbstmitleid vorkommen.

Der Witwer, der jeden Tag vor dem Foto seiner verstorbenen Frau sitzt und ihr Vorhaltungen macht, warum sie ihn allein zurückgelassen hat, ist nur ein Beispiel. Diese Menschen lassen sich immer wieder in einmal erlebtes Leid hineinfallen. Wie kann ihnen geholfen werden?

Akupressur

Der Akupressurpunkt des Dünndarmmeridians liegt vier Finger breit über dem Schambein auf der Linie des Bauchnabels.

Negative Emotionen: Schwere, Kummer, Traurigkeit, man fühlt sich belastet.

Positive Emotionen: Freude, Befriedigung.

Bach-Blüten

Crab Apple (Nr. 10): Nimmt die Furcht vor Verunreinigungen aller Art. Man kann sich selbst akzeptieren.

Olive (Nr. 23): Schenkt neue Energien und Lebensfreude.

Rock Rose (Nr. 26): Nimmt Angst und schenkt Mut.
Water Violet (Nr. 34): Läßt die Energien fließen, macht zufrieden.

Affirmationen

Freude erfüllt mich.
Meine Seele tanzt vor Freude.

Die Blase

Wie die Nieren und die Schilddrüse untersteht die Blase dem Planeten Venus.

«Bist du nervös?» wird eine Frau gefragt. «Wieso, ich bin doch ganz ruhig, ich bin überhaupt nicht nervös», antwortet die Frau und zupft unruhig an ihren Fingernägeln. «Nein, ich bin die Ruhe selbst», antwortet ein Mann auf die gleiche Frage und trommelt mit den Fingern.

Eine latente Unruhe ist deutlich vorhanden, die von dem Betroffenen manchmal überhaupt nicht bewußt wahrgenommen wird. Ein inneres Getriebensein läßt den Menschen nicht zur Ruhe kommen. Man bleibt nicht bei einer Sache oder einem Thema, sondern springt von einem Impuls und Reiz zum andern.

Eine Patientin klagte, daß sie nie fertig wird, wenn sie ihre Wohnung aufräumt. Ich fragte nach, wie das Aufräumen denn so vor sich ginge. Sie erzählte, daß sie zum Beispiel beginne, die Betten zu machen. Dann fällt ihr ein Buch, das auf dem Nachttisch liegt, in die Hände. Sie liest etwas darin, legt es weg, geht ins Bad. Dort fällt ihr auf, daß die Waschbecken geputzt werden müssen, sie macht das. Dann holt sie sich in der Küche etwas zu trinken und sieht dort den Einkaufszettel liegen. Sie setzt sich an den Tisch und überlegt, was noch alles zu besorgen ist. Dann fällt ihr ein, daß sie ja das Schlafzimmer aufräumen wollte. Sie geht also zurück ins Schlafzimmer und macht dort weiter. Am Schluß ist sie frustriert, weil sie mit nichts fertig geworden ist und überall nur ein bißchen Ordnung hineingebracht hat.

Diese Patientin hatte übrigens jahrelang eine Blasenschwäche, die erst verschwand, nachdem sie ein Vierteljahr an dem Thema gearbeitet und den Blasenpunkt behandelt hatte.

Geistige Unausgeglichenheit kann sich über die Blase bemerkbar machen. Nicht wenige Menschen haben eine Reizblase. Streß, Aufregungen, aber auch Auskühlung veranlassen diese Menschen zu häufigerer Urinausscheidung.

Ein weiterer Grund ist, vor allem bei Frauen, sexuelle Ambivalenz dem Partner gegenüber. Natürlich ist das den meisten nicht bewußt. Durch Muskeltest kann ein Kinesiologe die Ursache einer Dysfunktion der Blase herausfinden. Das ersetzt natürlich niemals die ärztliche Hilfe und Diagnose. Wichtig ist immer, daß bei allen physischen Problemen die Ursache ärztlich abgeklärt und wenn nötig auch medizinisch behandelt wird.

Akupressur

Der Akupressurpunkt des Blasenmeridians liegt in der Mitte auf dem Schambein.

Negative Emotionen: Sprunghaftigkeit, Unruhe, Frustration.

Positive Emotionen: Geduld, Ausdauer, Heiterkeit, Gelassenheit.

Bach-Blüten

Crab Apple (Nr. 10): Nimmt die Furcht vor Verunreinigungen aller Art. Man kann sich selbst akzeptieren.

Impatiens (Nr. 18): Macht im Denken und Tun ruhig und entspannt. Man ist zu sich und zu anderen liebevoll und tolerant.

Affirmationen

Ich bin voller Harmonie.
Ich bin in Harmonie mit mir und der gesamten Schöpfung.
Ich bin geduldig.
Ich bin ruhig und harmonisch.

Teil IV

Spirituelle Heilung

Engel und Heilung

O wüßtest du, wie sehr dein Antlitz sich verändert, wenn du mitten in dem Blick, dem stillen, reinen, der dich mir vereint, dich innerlich verlierst und von mir kehrst. Wie eine Landschaft, die noch eben hell, bewölkt es sich und schließt mich von dir aus. Dann warte ich. Dann warte schweigend ich, oft lange. Und wär ich ein Mensch wie du, mich tötete verschmähter Liebe Pein, so aber gab unendliche Geduld der Vater mir und unerschütterlich erwarte ich dich, wann immer du kommst. Und diesen sanften Vorwurf selber nimm als Vorwurf nicht, als keusche Botschaft nur.

Christian Morgenstern

Die Seele ist Gott nachgebildet in ihrem obersten Bereich, doch der Engel ist ein höheres Bild Gottes. An dem Engel ist alles, was er ist, nach Gott gebildet. Daher wird der Engel zur Seele gesandt, auf daß er sie wieder zurückbringe, in dasselbe Bild, nach dem er gebildet ist. Denn die Erkenntnis kommt aus der Gleichheit.

Meister Eckehart

Denken wir an Engel, so kommen uns die Engelnamen des alten Testaments in den Sinn. Michael, Gabriel und Raphael. Jeder dieser Engel hat bestimmte Eigenschaften, die er seinen Aufgaben gemäß einsetzt. Beschäftigen wir uns zunächst einmal mit dem Erzengel Michael.

Michael

Michael bedeutet: «Wer ist wie Gott?» Michael wird mit dem Flammenschwert dargestellt, er ist der Ritter Gottes, der für Gottes Wahrheit streitet. Das Flammenschwert ist das Symbol der Unterscheidungskraft zwischen Gut und Böse. Michael verlangt die klare Eindeutigkeit, er duldet keine Kompromisse und keine Unentschlossenheit. Er verlangt das klare Ja zu Gott.

Michael ist der Gerechte, der nicht lange verhandelt und abwartet, sondern der mit seinem Schwert der Wahrheit dazwischenschlägt. Das Erkennen der Wahrheit ist zuerst oft sehr schmerzhaft. Michael ist der jüngste Erzengel und Verwalter der göttlichen Kraft, er hält die göttlichen Gesetze aufrecht.

Gabriel

Die Bedeutung des Namens Gabriel ist: «Gott hat sich stark gezeigt». Der Erzengel Gabriel ist weniger ein Kämpfer wie Michael, sondern vielmehr ein Bote Gottes. Er hat Anteil an dem Schöpfertum Gottes, und er verleiht denen, die es benötigen, überirdische Kraftgaben. Gabriel steht für die Wahrheit, er verkündet die Wahrheit. Für alle, die den Rückweg zu Gott antreten wollen, ist der Erzengel Gabriel zuständig für die Rückführung der Seelen. Man kann ihn als die nahe, führende Hand Gottes ansehen. Er ist auch der Vermittler zwischen Gott und Mensch. Der Erzengel Gabriel erklärte dem Propheten Daniel den Sinn der messianischen Geschichte. Er war es, der dem Zacharias die Geburt seines Sohnes Johannes voraussagte. Dieser Johannes wurde später der «Täufer» genannt.

Der Erzengel Gabriel kam zu der Jungfrau Maria und verkündete ihr die Empfängnis des Gottessohnes. Und schließlich offenbarte er dem Propheten Mohammed das Wort Gottes in der Form des Koran, dem heiligen Buch der Moslems. Der

214

Erzengel Gabriel bringt «das Wort Gottes», die göttliche Botschaft.

Raphael

«Gott heilt» ist die Bedeutung des Namens Raphael. Dieser Erzengel ist ein sehr alter Engel, mit einem sehr großen Gnadengewand. Das bedeutet, daß er fähig ist, aus den höchsten göttlichen Höhen bis in die irdische Manifestation hineinzuwirken. Er ist der verstehende, der gütige und versöhnende Engel. Er schenkt Heilung, und er verströmt, als Zeichen der unerschöpflichen Gottesliebe, nichts als Liebe. Er ist nicht heftig und kämpfend, sondern ausgleichend und gütig.

Von ihm wird gesagt, daß er Tobias den Älteren von der Blindheit geheilt hat und den jüngeren Tobias auf der Reise begleitet und vor Gefahren geschützt hat. Raphael kann tief in das menschliche Bewußtsein gehen, dadurch erfährt er die Not und das Leid der Menschen. Er erweckt in den Menschen das Verantwortungsgefühl. So kann er für die Schöpfung tätig sein, er kann den Menschen helfen und sie heilen. Er ist oft unsichtbar unter den Menschen anwesend, er stärkt ihre Neigung zum Heilen und Helfen.

Engel stehen im Dienste Gottes und haben unter anderem die Aufgabe, die Schöpfungsgesetze, den Dharma, zu beschützen und zu achten. Ein Engel wird niemals gegen den Dharma handeln. So ist der Engel im Tun immer im Einklang mit dem Schöpfer.

Die Heilungen, die durch die Engel erfolgen, sind ein Ergebnis des Karmas, welches die Heilung erlaubt. Es ist eine Gnade Gottes, wenn er Karma auflöst. Heilung ist dann eine wirkliche Heilung, wenn sie auf allen Ebenen stattfindet, im Feinstofflichen ebenso wie in der dichten physischen Materie.

Ein Engel ist im Einklang mit Gott. Wo er wirkt und Einfluß nimmt, nimmt Gott durch ihn Einfluß. Wir können uns als Menschen kaum vorstellen, wie weit diese Einwirkung geht. Jeder von uns steht auch unter himmlischem Einfluß, selbst wenn der Mensch dies nicht wahrnimmt.

Es ist so, als ob wir in einem Haus mit vielen Stockwerken wohnten. In allen Stockwerken sind Büros, das Ganze ist hierarchisch geordnet. Ganz oben sitzen die höchsten Führungskräfte, die die Arbeit nach Wichtigkeit delegieren, bis die Aufgaben schließlich im Erdgeschoß bei den Ausführenden landen. Letztere müssen dann die Handlungen physisch ausführen. Sie haben ihre Aufgaben von denen erhalten, die eine Etage über ihnen sitzen, und sie machen sich meistens überhaupt keine Gedanken, wer noch über der obersten Etage sitzen könnte.

Der Mensch lebt auf mehreren Ebenen, und er empfängt oft Erkenntnisse von sehr hoher Ebene. Diese Art von Erkenntnis wird Intuition genannt. Wir können uns fragen, ob ein Mensch bewußt in die Engelebenen gehen kann. Die Antwort ist ja, auch wenn es sich meistens so verhält, daß die Engel dem Menschen entgegenkommen. Es ist nur sehr hochentwickelten Seelen und Wesen möglich, in die heiligen, hohen Sphären aufzusteigen.

Keiner kann hinein gelangen, dem es nicht erlaubt wird. Die Schwingung in diesen Engelebenen sind so intensiv und fein, daß ein Wesen, das nicht diese Schwingung hat, es nicht erträgt und sich dorthin zurückzieht, wo es sich wohlfühlt. Jedes Wesen hat seiner geistigen Reife entsprechend die Schwingung, die diese Reife zum Ausdruck bringt.

Wie sieht eine Heilung mit Engelhilfe aus? Am Anfang ist es sehr gut, ein Engel-Heilritual zu machen. Rituale bauen ein eigenes Kraftfeld auf und sammeln die Energie, wenn man sie öfter wiederholt.

Ein Heilritual

Vorbereitung

Wie können wir ein Engel-Heilritual aufbauen? Wir benötigen dazu folgendes:

- einen Tisch, den wir als Altar herrichten;
- eine schöne Decke, die wir darauf legen;
- eine kleine Schale frisches Wasser;
- je eine Kerze in folgenden Farben: Weiß, Blau, Violett;
- zu jeder Kerze je einen Halbedelstein: einen Bergkristall (weiß), einen Lapislazuli (blau), einen Amethyst (violett).

Zusätzlich brauchen wir je eine Abbildung der einzelnen Erzengel oder ein Bild, auf dem sie gemeinsam abgebildet sind. Es gibt beispielsweise eine Ikone von Rubeljew, die die drei Erzengel zeigt. Die Vorbereitungen, die Sie treffen, gehören auch schon zum Ritual, es sind bereits heilige Handlungen. Die Priester des alten Testaments unterzogen sich Reinigungsritualen, Fasten, Schweigen, Meditieren, um würdig und rein zu werden, eine Zeremonie durchführen zu können. Sie selbst bauen während der Vorbereitungen des Rituals von Beginn an eine heilige, hochgestimmte Atmosphäre auf.

Die Vorbereitung des Altars beginnt mit einer Reinigung Ihrer selbst. Waschen Sie sich. Ziehen Sie saubere Kleider an. Meditieren Sie, und erbitten Sie vom Heiligen Geist Schutz und Führung. Dann lüften Sie das Zimmer, in dem die Zeremonie stattfinden soll. Spielen Sie sakrale Musik, die die Seele erhebt. Bereiten Sie den Tisch vor.

Geben Sie gutes, reines Räucherwerk auf den Altar, am besten Weihrauch oder Sandelholz. Spielen Sie sakrale Musik, während Sie den Altar vorbereiten. Stimmen Sie Ihre Seele auf die höheren Ebenen ein. Lassen Sie alle weltlichen Probleme draußen vor der Tür. Engeln und hohen Geistwesen fällt es sehr schwer, ihre Schwingung so zu verdichten, daß sie in die menschliche Sphäre hineinkommen können. Sie brauchen sehr viel kosmische Energie dazu.

Stellen Sie links eine weiße Kerze auf, weiße Blumen in einer möglichst klaren Vase stellen Sie hinter die Kerze. Vor die Kerze plazieren Sie den Bergkristall. Links von dem Arrangement stellen Sie ein Bild des Erzengels Michael auf. Als zweites stellen Sie ein Bild des Erzengels Gabriel auf, daneben eine Vase mit blauen Blumen, davor eine blaue Kerze und vor die Kerze einen Lapislazuli oder Saphir. Rechts neben die Vase stellen Sie ein Bild des Erzengels Raphael, daneben kommt eine Vase mit violetten Blüten. Davor plazieren Sie eine Kerze in violett und vor die Kerze einen Amethyst. Rechts und links außen können Sie Räucherwerk oder Stäbchen aufstellen.

Der Altar sollte dann von links nach rechts wie folgt aufgebaut sein:

Hinterste Reihe: Bild vom Engel, Vase mit weißen Blüten, Engelbild, Vase mit blauen Blüten, Engelbild, Vase mit violetten Blüten.

Zweite Reihe: weiße Kerze, blaue Kerze, violette Kerze.

Dritte Reihe: Bergkristall, Lapislazuli, Amethyst.

Vierte Reihe: in der Mitte eine kleine Schale Wasser.

Falls Sie eine Liste angefertigt haben mit den Namen von Personen, die Heilung und Hilfe benötigen, so können Sie diese auch noch auf den Altar legen.

Die Engelfeier

Anrufung:

Dem Einen entgegen, der da ist die Vollkommenheit der Liebe,
der Harmonie und der Schönheit, der einzig Seiende.
Vereint mit all den erleuchteten Seelen, die den Meister,
den Geist der Führung verkörpern.

1. Entzünden Sie die Kerze für den Erzengel Michael.

Gebet für den Erzengel Michael:

Heiliger Erzengel Michael, wir bitten dich,
hilf uns, die Wahrheit zu erkennen.
Hilf uns, die Wahrheit zu akzeptieren.
Hilf uns, die Wahrheit zu leben.

Schenke uns die Kraft der Unterscheidung,
und gib uns die Fähigkeit, die Wahrheit zu leben.
Wahrhaftigkeit erfülle unser Fühlen, Denken und Tun.
Auf daß wir gereinigt werden von allem, was nicht heilbringend ist.

Gottes Wahrheit erfüllt und belebt uns.
(Zehnmal sagen)

Es folgt eine Stille, in der wir uns die Gegenwart des Erzengels Michael vorstellen und sein Licht in uns hineinnehmen, in alle Zellen unseres Körpers, besonders in kranke Organe.

2. Die Kerze für den Erzengel Gabriel wird entzündet.

Gebet für den Erzengel Gabriel:

Heiliger Erzengel Gabriel, wir bitten dich,
gib uns die reinen Gedanken, die Gottes Botschaft verkünden.

Lasse die Botschaft von Liebe, Harmonie und Weisheit
in unserer Seele Wurzeln fassen.

Lasse sie wachsen und Frucht tragen.

Führe uns in Gottes Liebe,
und lasse uns sein unendliches Erbarmen
und sein Verzeihen erfahren.
Lasse uns in der Liebe Gottes leben
und seine Botschaft verbreiten.
Lasse uns Zeugnis ablegen von Gottes Herrlichkeit.

Heilung erfolgt oft, damit Gottes Herrlichkeit offenbar werde.
Schenke uns Heilsein in Gott.

In uns und um uns sind Liebe, Harmonie und Weisheit.
(Zehnmal sagen)

Es folgt eine Stille. Stellen Sie sich die Gegenwart des Erzengels Gabriel vor. Spüren Sie seine machtvolle Energie, und lassen Sie sich davon durchdringen. Bringen Sie diese Energie besonders in erkrankte Organe.

3. Entzünden Sie die Kerze für den Erzengel Raphael.

Gebet für den Erzengel Raphael:

Heiliger Erzengel Raphael, wir bitten dich,
schenke uns durch die allesdurchdringende Liebe Gottes
und Kraft deines unendlichen Erbarmens
Heilung an Körper, Seele und Geist.

In der Liebe Gottes, die sich in den Menschen offenbart,
können wir Heilung erfahren.
Heilung ist Liebe.

Wir öffnen uns in Demut,
und nehmen als Kind des göttlichen Vaters
und der göttlichen Mutter
die himmlische Liebe als Geschenk in uns auf.

Heiliger Erzengel Raphael,
du hast im Namen Gottes vielen Wesen Heilung gebracht.
Du gibst Ärzten, Heilern und Pflegern Kraft und Liebe,
die Heilung und Linderung bringen.

Wir öffnen uns dir,
und wir wollen die Liebe, die wir empfangen und die uns heilt,
weitergeben an andere, die nach Liebe und Heilung dürsten.

Reihe uns ein in die Kette derjenigen,
die Gott und seiner Schöpfung dienen wollen in Liebe und Demut.
Mache uns zu einem guten Heiler,
auf all den Ebenen, die wir erreichen können.
Gelobt sei der Eine der Unendlichen Liebe. Amen.

Göttliche Liebe durchdringt und heilt mich.
(Zehnmal sagen)

Es folgt eine Stille. Nehmen Sie die Präsenz Raphaels in sich
auf. Meditieren Sie auf die Botschafter Gottes.

Das Schlußgebet:

Gnadenvoller Schöpfer,
Erhalter und Verwandler Deiner Schöpfung.
In Demut verneigen wir uns vor dir.
Für alle leidenden Wesen bitten wir dich
um Befreiung aus der Unwissenheit.
Für alle Wesen, die in Dunkelheit und Leid und Schmerz sind,
bitten wir dich um deine Hilfe.

Deine Freude erfülle alle Herzen.
Deine Liebe erfülle alle Herzen.
Deine Weisheit leite alle Wesen.

Lasse uns deiner Gegenwart in uns, mit uns, um uns bewußt sein.
Es kann uns nicht Leid noch Kränkung treffen,
wenn wir erfüllt sind von deinem Heiligen Geist.
Wir sind geborgen in deinem Schutz
und haben nichts zu fürchten.
Wenn wir andere nicht verurteilen,
so werden wir selbst nicht verurteilt.
Deine Liebe und Dein Licht führen uns
durch Tiefen und Höhen,
durch Dunkelheit in das Licht.

Bis in das ewige Licht deiner unendlichen Liebe geleitest du uns,
und wenn wir in unsere geistige Heimat zurückkehren,
so werden wir von dir dort empfangen.
Sei bei uns hier und dort in Ewigkeit.

Amen.